Dincolo de divorț e India

Rodica Constantinovici

Dincolo de divorț e India

Descrierea CIP a Bibliotecii Naționale a României
CONSTANTINOVICI, RODICA
Dincolo de divorț e India / Rodica Constantinovici. – București : Editura Solomon, 2015
ISBN 978-606-93749-6-2

821.135.1-31

Editura Solomon
Tel.: 0725.356.750
E-mail:
office@editurasolomon.ro
redactie@editurasolomon.ro
Website: www.editurasolomon.ro

https://www.facebook.com/DincolodedivorteIndia

Autoarea cărții poate fi contactată de cititori la adresa de e-mail:
constantinovici@cmalaw.eu

„Pentru realizarea Sinelui nu este nevoie de efort.
Sinele este deja realizat. Trebuie înlăturată doar iluzia”

Ramana Maharshi

Cuprins

Cuvânt-înainte

Această lectură se adresează, în primul rând, celor care au pierdut pe cineva drag sau cred că au fost părăsiți, voluntar sau involuntar, de partenerii lor. Șocul, durerea, dezamăgirea, furia, dezorientarea, depresia sunt sentimente sau stări emoționale aproape de neevitat pentru cei puși într-o astfel de situație.

Cartea și-ar putea găsi utilitatea și pentru cei care sunt căsătoriți sau într-o relație și ar putea fi tentați să creadă că o altă persoană le-ar aduce „împlinirea" pe care nu o mai găsesc la partenerul lor actual.

În fine, dacă cineva este atras de această lectură pur și simplu, fără niciun motiv aparent, ar putea descoperi, dacă nu a descoperit deja, că noi nu suntem separați decât la nivel conceptual. De aceea, cititorul poate fi atras de povestea mea care, într-un fel sau altul, este și a lui.

Puțini știu că o experiență traumatică, de orice natură, ar putea fi șansa lor de a se trezi din iluzia în care trăiesc, de a afla cine sunt cu adevărat, de a se debarasa de false atașamente, de a-și redescoperi bucuria naturală de a trăi. Sau, mai precis, de a lăsa viața să-i trăiască pe ei, fără niciun obstacol emoțional.

Experiența descrisă în aceasta carte este trăită de mine și sunt fericită să vi-o împărtășesc. Este drumul parcurs de micul „eu" spre unicul EU sau de la a face la a FI. Nu știu dacă sunt la capătul drumului și nici nu contează. Important este că trăiesc ACUM și AICI, într-o stare de pace și bucurie a cărei resursă interioară inepuizabilă îmi aparține, fără nicio contribuție externă. Mi-a aparținut totdeauna, dar nu am știut acest lucru mai bine de o jumătate de secol cât am rătăcit, căutând-o în marea iluzie a lumii, așa-numita «*maya*».

Parcă m-am trezit la viață din hipnoza poveștii pe care o trăiam și am început să conștientizez cine sunt cu adevărat abia după ce am trăit experiența de a fi părăsită de bărbatul pe care-l iubeam, tatăl copilului meu, soțul meu de 17 ani. În acea perioadă, suferința mi-a devenit cel mai bun prieten. Durerea era așa de adâncă și aproape continuă încât, la un moment dat, nu am mai suportat-o și m-am abandonat complet în brațele ei. De fapt, am încetat să-i rezist. A fost ca un fel de crucificare sau „să mori înainte de a muri", cum ar spune Eckhart Tolle, unul dintre autorii mei favoriți.

Când nu mi-a mai păsat dacă voi muri de durere, fiindcă până și moartea părea o alternativă mai bună, am simțit cum, de undeva din străfunduri, se ridica o pace intensă, o bucurie de nedescris. Ceva sacru venea din adâncul meu. Sau, mai precis, mi se dezvăluia, fiindcă fusese tot timpul acolo... La început frugal, apoi din ce în ce mai intens, până s-a instalat liniștea completă. Era peste tot. Până și corpul meu, în care receptasem atâta suferință, parcă dispăruse.

Așa am aflat că tot ceea ce căutam în afara mea era, de fapt, în interiorul meu.

Și tot atunci am înțeles că relațiile cu alții nu sunt menite să ne completeze, ci să ne învețe că suntem deja compleți.

„Nu te mai iubesc!"

„Nu te mai iubesc! Vreau să experimentez cu altcineva!" au fost cuvintele soțului meu cu câțiva ani în urmă. Le-am primit ca pe o lovitură de cuțit în inimă. Nu eram pregătită să aud așa ceva. Eram de 17 ani împreună. Ne-am luat din dragoste și am trecut prin multe. Aveam un copil împreună, iar pe Ema, fiica mea, o crescuse alături de mine de când era micuță. Legătura noastră părea indestructibilă. Nu ne certaserăm niciodată. Credeam că ajunseserăm să ne înțelegem din priviri, să ne citim gândurile. Mă sorbea din ochi. Aveam încredere desăvârșită în el. Nu mi-aș fi închipuit niciodată că e în stare să mă rănească. „Ți-ai găsit o altă femeie?", am întrebat, îndoită eu însămi că ar fi fost în stare să facă așa ceva. „Nu, nici vorbă", a ripostat, ferm, „relația noastră nu mai merge...". „Și copilul?", am îndrăznit timid să sper că simțul paternității va avea vreo zvâcnire. „Se va obișnui!", a fost răspunsul lui implacabil.

Nu-mi venea să cred că trec prin așa ceva! Bărbatul meu blând și vesel se transformase peste noapte într-o ciudățenie. Era rece ca o reptilă, nu mai dormea lângă mine în pat și, dacă nu-și petrecea nopțile, chipurile, la serviciu, stătea în fața computerului și juca șah toată noaptea. Din când în când, se uita în ochii mei şi-mi spunea că nu mă mai iubeşte şi că totul s-a terminat între noi. Simţeam că mă respinge şi că nu eram în stare să fac nimic ca să ajung la inima lui. De fapt, nu mai aveam nicio vlagă, mi se părea că nu pot şi nici nu vreau să lupt pentru a menţine o astfel de stare de lucruri. Totul părea straniu, fără sens. Eu dusesem tot greul în ultimii ani, de ce tot eu trebuia să fac ceva ca să salvez familia? O repulsie ciudată mi se ridica din plexul solar. Ceva era murdar..., foarte murdar... Aveam să aflu curând...

Am crezut că este vorba de o criză a vârstei de mijloc, mai ales că prezenta toate simptomele. De la o vreme se îmbrăca destul de colorat, era mai absent decât înainte, lipsea nopţile de acasă sub pretextul că are mult de lucru. Nu mi s-a părut nimic ieşit din comun. A lipsit multe nopţi de acasă chiar de la începutul relaţiei noastre. Pretindea că lucrează mai bine noaptea şi uneori lucra chiar acasă în timpul nopţilor. L-am crezut. Că arăta absent şi chiar obosit, din nou nu m-am alarmat, fiindcă abia trecuserăm printr-o încercare grea pentru familia noastră în care soţul surorii mele era cât pe ce să moară. Prea implicat în viaţa de familie nu a fost niciodată, aşa că am atribuit din nou indiferenţa lui oboselii acumulate, mai ales că toate se petreceau spre sfârşitul anului 2007.

Mi se părea din ce în ce mai mult că se comporta ca un adolescent, parcă şi vocea îi era în schimbare. Se juca mult cu Wii sau chiar cu maşinuţele teleghidate ale fiului nostru, David, ieșea la plimbare cu rolele, era pasionat de jocurile pe computer. Îmi făcea rău să-l văd așa. Fusese oricum răsfățat ca „ce-l de-al treilea copil" al meu, dar simțeam că femeia din mine îl respingea în acea stare adolescentină mai accentuată ca de obicei. Relația cu el mi se părea aproape incestuoasă. Nu i-am spus niciodată nimic, așteptam să-i treacă. Nu a mai fost cazul, fiindcă între timp a plecat de tot.

Îmi amintesc că, într-una dintre puținele nopți când mai dormea lângă mine și îl țineam de mână sau încercam să-i încălzesc trupul rece care părea lipsit de viață, am visat că tocmai făcusem dragoste cu vărul lui, un bărbat drăguț și foarte nostim. Visul părea atât de real încât am crezut că m-am trezit și am examinat îndelung ce făcusem. Sentimentul de vinovăție era atât de profund, aproape vecin cu moartea. Nu credeam că pot trăi cu o astfel de povară. Eram devastată. Mă întrebam dacă este vis și mi se părea că sunt perfect trează: nu era vis, era o realitate oribilă! Și totuși a fost un vis. Când m-am trezit cu adevărat, mi-a luat ceva timp să mă eliberez de vinovăția care încă mă copleșea. Târziu am înțeles că, de fapt, receptam cumva sentimentul de vinovăție pe care îl trăia soțul meu. Mă înșela, într-adevăr... de ani buni, din câte am aflat ulterior.

Vestea că „nu se mai simte bine și vrea să experimenteze cu altcineva" mi-a dat-o între Crăciun și Anul Nou. O tensiune subită apăruse între noi spre sfârșitul anului. Ceva nelămurit și pâclos plutea în aer. Aproape că tăiai cu cuțitul. Era întunecat și nervos și la, un moment dat, chiar a ridicat mâna să mă lovească, fără să-și ducă însă gestul până la capăt. Nu se mai întâmplase niciodată așa ceva. Din nou, am pus totul pe seama stresului și oboselii și aproape am uitat incidentul.

După ce am petrecut Crăciunul cu părinții lui și cu niște prieteni, mi-a dat vestea într-o zi, fără să clipească. Cred că plănuise de mult discursul. „Nu se mai simțea bine în casa lui... nu mă mai face fericită...”. Părea că are niște argumente... „că ne-am răcit, că nu mai facem lucruri împreună, că muncim prea mult...”. Am rămas fără cuvinte... și l-am crezut, ba chiar i-am dat dreptate. Atunci nu era hotărât să plece din familie, așa că am decis împreună să ne regândim prioritățile și să aranjăm programul, așa încât să fim mai mult timp împreună. A acceptat, la sugestia mea și pentru a salva aparențele, că s-ar putea să treacă printr-o criză a vârstei de mijloc cu implicațiile emoționale aferente care se manifestă, uneori, la bărbații de peste 40 de ani.

Am făcut toate aranjamentele și am plecat la Praga să petrecem un „weekend romantic”. Am stat într-un hotel plin de șarm în partea veche a orașului. În apartamentul nostru, aveam un șemineu în care făceam focul cu lemne și o fântână misterioasă în care se vedea luciul apei. Ne-am plimbat pe străduțele înguste, am făcut dragoste, am mâncat la restaurante romantice, am vizitat castelul și alte locuri pitorești din orașul vechi. Deși Victor părea trist, puțin rătăcit, nu mi s-a părut că-i displace. Nu am discutat nimic despre cele spuse în decembrie trecut. Părea de la sine înțeles că suntem acolo ca să ne împrospătăm relația. Ceva m-a împiedicat să scotocesc în sufletul lui. Credeam că îmi spusese adevărul, că muncim prea mult și că-și dorește, cu adevărat, să petrecem mai mult timp împreună.

M-am întrebat de multe ori, după ce ne-am despărțit, de ce nu am încercat să aflu mai multe? Poate că mi-aș fi dat seama despre ce era vorba cu adevărat. Ce folos? Pentru că, în realitate, mă luptam să-mi salvez familia, fără să știu că pierdusem deja. Și pierdusem pentru că soțul meu începuse o aventură cu o altă femeie care-l atrăgea mai mult. Firește, totul era nou, proaspăt, excitant. Nicio relație de 17 ani nu mai are aceste atribute, efemere, de altfel. Dragostea și devotamentul meu nu mai însemnau nimic. Responsabilitățile lui? Ce responsabilități? Copilul? „Se va obișnui..." „Iar tu ești puternică..." repeta obsesiv. Într-adevăr. Nici eu nu știam atunci cât de puternică eram și că acela era începutul drumului la capătul căruia aveam să aflu cine sunt cu adevărat sau, mai precis, că eram deja ceea ce căutam.

L-am privit cu atâta durere plecând din casa noastră, încât nu credeam că mă voi lecui vreodată. Eram toată ca o rană deschisă, mă durea tot corpul și nu știam ce să iau ca să mă vindec. Plângeam aproape într-una și, când nu erau copiii prin preajmă, răcneam ca o fiară rănită. Luni de zile nu am putut să dorm. Simțeam în plexul solar o agitație precum un vierme uriaș care mânca din corpul meu și pe care nu puteam să o liniștesc. Capul îmi vâjâia și nu mă puteam concentra la nimic. Pur și simplu nu știam să funcționez fără el, fără identitatea mea de soție, fără grijile mele de zi cu zi în acest rol. Soțul meu era impregnat profund în mine sau în cine credeam că sunt „eu" în acel moment. Îi simțeam mirosul, îi auzeam vocea, mi se părea că se mișcă pe partea lui de pat, că intră pe ușă, că urcă scările. Îmi lipseau rutina noastră de atâția ani, râsetele care răsunau în casă, cinele prelungite în bucătărie, petrecerile de sărbători, obiceiurile lui, până și cele după care nu mă dădeam în vânt, dar care îl defineau cumva. Călătoria noastră comună prin viață nu fusese tocmai un drum presărat cu roze, fiindcă de-a lungul anilor ne-am confruntat și cu momente dificile, dar eram o echipă și le-am depășit cu bine împreună. Inspiram dragoste, armonie, încredere unul în altul și nu doar pentru mine, dar și pentru rudele mele și pentru cei care ne cunoșteau, acțiunile lui și despărțirea noastră au fost șocante, de neînțeles.

În reprezentarea mea, Victor era un bărbat chipeș, cu o figură blândă și senină. Mi se părea integru, sincer, pozitiv și tolerant în relațiile interumane, chiar dacă de-a lungul anilor a avut ceva conflicte cu superiorii lui sau cu diferite persoane. În general, avea o problemă cu respectarea regulilor, cum ar fi progamul de serviciu, regulile de circulație etc. Nu-i plăceau nici persoanele cu autoritate și, cu mici excepții, nu se atașa de colegi. Mi-a mărturisit, în câteva rânduri, că nu-i plac colegii de serviciu. Mă miram de ce și, de-a lungul anilor, m-am întrebat, de câteva ori, cum de n-are niciun prieten, fiind un om atât de plăcut? Pentru că, într-adevăr, Victor nu a avut niciun prieten în cei 17 ani trăiți împreună. Părea că se mulțumea cu noi, iar prietenii pe care îi aveam eu sau pe care mi i-am făcut în acest interval de timp deveneau automat și prietenii lui. Avea o capacitate mare de integrare în orice loc și în orice mediu sau, cel puțin, așa credeam.

Îi plăcea să mănânce mult, să doarmă mult, era răsfățat și încăpățânat. Și-a impus propriul program la locul de muncă, adaptat ritmului său biologic, fiindcă pretindea că nu poate lucra bine ziua. Așa a obținut aprobare, de la șefii lui, să înceapă programul la 11,00 dimineața. Chiar așa fiind, ajungea pe la 1,00-2,00 după-amiaza, zicând că „oricum toată lumea întârzie vreo două ore...". Nu avea niciodată noțiunea timpului, era incapabil să-mi spună cam în ce interval de timp estimează că ar putea finaliza un proiect, întârzia frecvent sau lipsea nopțile de acasă, pierdea avioane și avea ceva de „lasa-mă să te las" în personalitatea lui la care m-am adaptat cu timpul. Nu l-am controlat niciodată în cei 17 ani de conviețuire.

Aveam încredere desăvârșită în el și, la rândul meu, eram prea ocupată ca să-mi bat capul cu gelozii de nevastă plictisită, chiar dacă mi-au trecut, de câteva ori, prin cap, vagi banuieli. De fapt, dacă mă gândesc bine, nu am fost niciodată geloasă, nici măcar după ce am aflat că a plecat din familia noastră pentru o altă femeie. Am fost îndurerată, dezamăgită, furioasă chiar, dar nu geloasă. Întotdeauna mi s-a părut o prostie aserțiunea că „gelozia e un semn de iubire". După părerea mea, și nu numai, gelozia este o energie foarte joasă atașată ideii de posesiune, de proprietate, firească în raport de bunurile materiale, dar complet inadecvată cu referire la o persoană. Aceasta, întrucât nimeni nu este proprietatea nimănui, oricât de mult ne-am dori să avem acea persoană în preajmă și oricât de mult ne-ar lipsi ca prezență fizică.

Cred că dacă o persoană dragă dispare fizic prin moarte sau pleacă din experiența noastră, avem totuși avantajul de a ne păstra dragostea pentru acea persoană. Mărturisesc că absența fizică a soțului meu nu a alterat dragostea mea pentru el, chiar dacă, în primii ani de după despărțire, mi-a lipsit foarte mult ca prezență fizică. Și dacă pentru egoul meu ar fi fost mai simplu să-l discreditez, având în vedere dezvăluirile despre comportamentul lui în timpul conviețuirii, dar și acțiunile lui ulterioare, care l-ar fi putut face „neiubibil", amprenta pusă pe inima mea de acest om nu s-a șters niciodată. Am învățat să trăiesc însă fără prezența lui fizică, ceea ce, într-un fel, m-a eliberat de o dependență obstructivă la nivel spiritual.

Am înțeles că el nu este „povestea minții lui", chiar dacă la o parte din această poveste ne-a expus și pe noi. În același timp, nu am încercat să-l „deturnez" și i-am respectat „nevoia de a experimenta". Doar așa are șansa să-și învețe lecția cuvenită, poate pe cea esențială, că nu este „povestea minții lui" care l-a determinat să fugă de cei pe care-i iubise cu atâta intensitate cândva. Aceasta nu înseamnă că despărțirea de Victor nu a fost dureroasă sau că nu văd consecințele pe care faptele lui le-au avut în viața mea și a copiilor. Și, de aceea, am spus cu seninătate „nu" oricărei încercări de manipulare și de hărțuire pe care egoul lui tulburat a manifestat-o, cu prisosință, de-a lungul anilor după despărțirea noastră.

Nu mi-am propus și nici nu am făcut vreodată ceva ca să-l schimb pe soțul meu. L-am luat ca atare, așa cum era, și m-am ajustat eu la felul lui de-a fi. Avea completă independență să facă ce dorea, să se dezvolte în ce sens i se părea potrivit, să aibă orice inițiativă ar fi crezut că îl împlinește. Era de la sine înțeles că toate acestea ar fi trebuit să se întâmple în limitele bunului-simț și fără să-și pună în pericol familia. Deciziile majore din viața noastră de cuplu le-am luat împreună, simplu și fără prea multe dezbateri. Mă rog, în măsura în care noi decidem ceva, așa cum gândeam atunci. În realitate, cred că, mai degrabă atragem, pur și simplu, tot ceea ce ne este necesar să experimentăm, la un moment dat, pentru propria noastră evoluție.

Se spune că noi ne facem o impresie despre ceilalți și apoi, de cele mai multe ori, ne întâlnim cu acea impresie. Ceilalți devin simple concepte cu care mintea noastră operează, fără să ne mai conectăm cu ei în mod autentic. Suntem mult prea preocupați de propriul confort emoţional, de micul „eu" veşnic nemulţumit, care aleargă bezmetic să-şi mai adune nişte plăceri, să-şi mai realizeze nişte dorinţe, să devină cineva important sau special, să fie iubit etc., etc. Fiind aşa de ocupaţi, neîndoielnic, nu observăm schimbările pe care ceilalţi le suportă, la rândul lor, făcând acelaşi lucru. Aşa că nu e greu de înţeles cum de nu mi-am dat seama că soţul mă înşela chiar „sub nasul meu", cum se spune. Îmi plăcea mai mult să-l cred iubitor, integru, dedicat familiei şi, mult timp, chiar după ce faptele sale lăsau prea puţin loc de interpretare, nu am acceptat că ar fi putut face aşa ceva. Trebuia să fie undeva vreo greşeală sau vreo scuză... Poate că bărbaţii care trec prin aşa-numita «criză a vârstei de mijloc» îşi pierd minţile, gîndeam, ca să-i găsesc circumstanţe atenuante.

Pe de altă parte, nici Victor nu mai observa de mult cât munceam ca să pot susţine o carieră *demanding*, în acelaşi timp cu îndeplinirea sarcinilor de mamă, soţie, fiică, noră şi chiar prietenă. Într-una dintre puţinele discuţii pe care le-am avut după despărţirea noastră, spunându-i că, atunci când a hotărât să plece, mă simţeam fără vlagă, epuizată de oboseală, m-a întrebat inocent: „dar tu de ce erai obosită?"

În ziua în care a plecat, deşi eram în cunoştinţă de cauză cu privire la acest lucru, am suferit un atac de panică. M-am aşezat în genunchi să mă rog în faţa unor icoane şi am simţit un fel de revoltă împotriva lui Isus şi a tuturor sfinţilor cărora le adresasem atâţia ani rugăciuni fierbinţi să aibă grijă de familia mea. Îmi era imposibil să mă mai rog, un hău dureros îmi ocupa corpul și îmi era greu să cred că soțul meu, iubitul meu, tatăl fiului nostru ne părăsea așa, pur și simplu, fără niciun motiv aparent. Că-și dorește să se separe de noi, să nu ne mai vadă și, peste voința noastră, să ne impună și nouă să nu-l mai vedem. Am început să plâng în hohote și, dintr-odată, mâinile și maxilarele mi s-au încleștat. Respirația era agitată, dezordonată și nu mai eram în stare să articulez cuvintele. Fiica mea, Ema, s-a speriat cumplit și a venit în grabă să mă ajute. A apărut și Victor care mi-a făcut și mai rău... simțeam că, în pofida situației, culegea oarecare satisfacție din faptul că mă vedea înfrântă, la pământ. Cel mai probabil, se simțea bărbat!

Nu știam cum să-i explic fiului nostru, care avea atunci 12 ani, despre cele întâmplate. Cred că el a fost primul care a avut premoniții despre despărțirea noastră. Avea un coșmar repetat de mult timp. Se trezea sufocat și încerca să iasă dintr-un spațiu închis, iar când ajungea la ușa dormitorului nostru îl vedea pe tatăl său întors cu spatele, lucrând la computer. Într-o vară, cu vreo doi ani înaintea despărțirii, David a fost la mare cu un prieten și bunicii acestuia. A visat că mă aflam într-un grup de femei, iar cineva îmi tăiase gâtul și mă aruncase într-o prăpastie. David a sărit să mă prindă, dar, în acel moment, s-a trezit. M-a întrebat: „Știi cine te-a omorât?", „Nu, îl cunosc?" l-am întrebat. „Da, Victor", a răspuns îngrozit încă de amintirea coșmarului. Îi spunea pe nume tatălui său, imitând-o pe Ema, care nu l-a considerat niciodată vreo figură paternă. Victor s-a amuzat când i-am povestit ce coșmar avusese fiul nostru și a comentat ceva de genul: „...aha, deci eram *serial killer*...".

Au fost și alte semne, pe care nu le-am înțeles, fiind poate mult prea inconștientă atunci. În vara anului 2006 am fost într-o vacanță în Portugalia cu familia unor prieteni. Era a doua vară consecutiv în care ne petreceam vacanța în Carvoiro - Algarve, un orășel situat în partea de sud a Portugaliei. Eram îndrăgostiți, pur și simplu, de plajele din golfurile oceanului Atlantic, de muzica fado, de vinul de Porto și de mâncarea portugheză. Ca și în vara anului 2005, am închiriat o vilă cu piscină, înconjurată de flori și vegetație exotică. Cu excepția lui David, căruia i s-a părut piscina prea mică și casa prea veche, și a evenimentului pe care îl descriu în continuare, ne-am simțit bine alături de prietenii noștri în acea vacanță.

Într-una din zile, am hotărât să vizităm și coasta de vest a Portugaliei. Ne-a întâmpinat un peisaj sălbatic, cu plaje întinse, dar și un ocean furios, cu valuri uriașe și curenți puternici. Apa era foarte rece, avea în jur de 10-15 grade și, în contrast cu temperatura mare din aer, producea o ceață densă pe plajă. Ceva părea sinistru și, după cum am aflat ulterior, fiecare dintre copii a avut o stare ciudată de neliniște.

Erau peste tot stegulețe care semnalau pericolul curenților și reprezentau, desigur, interdicții pentru intrarea în apă. Eu nu știu să înot și am plecat de-a lungul plajei să adun scoici aduse de valuri. Pot spune că am fost suprinsă de câteva ori de valurile ce parcă mușcau cu furie din plajă și voiau să mă aspire spre larg. Pe drumul de întoarcere spre grupul nostru, pe la mijlocul plajei, m-am întâlnit cu Victor, care era însoțit de Lili, prietena noastră. Era agitat și mi-am dat seama că intenționa să intre în apă. L-am implorat să nu facă acest lucru, fără să știu că mai avusese o tentativă, rămasă în acel stadiu ca urmare a intervenției salvamarilor care îl opriseră la timp. La un moment dat, fără să am timp de reacție, Victor a alergat brusc spre ocean. S-a aruncat în apă și a tăiat valurile pe dedesubt, iar, din acel moment, nu l-am mai văzut. Am căzut, realmente, în genunchi și mi-a fost imposibil să mă uit spre apă. Un cuplu care trecea pe plajă a anunțat imediat salvamarii și am simțit agitația din jur. I-am văzut pe salvamari alergând către ocean, iar, de atunci, cred că a trecut vreo oră până l-au recuperat pe Victor din larg. Erau curenți puternici care îl îndepărtau cu forță și rapid de țărm.

Vedeam grupuri de oameni îmbulzindu-se spre mal pentru a asista la operațiunea salvării și îi auzeam rugându-se: „*Jesus, Jesus help him...*".

Eram în continuare în genunchi și o întrebam pe prietena mea dacă vede ceva și câte capete observă. În pofida situației aparent dramatice, în interiorul meu, spre care mă întorsesem absolut spontan, era spațiu, un soi de liniște care părea nepotrivită cu agitația externă. Într-un târziu au ieşit din apă, din fericire, toţi. M-am apropiat de Victor şi ne-am încrucişat privirea. Mesajul pe care l-am perceput atunci a fost: „O să vezi tu!"

Era vineţiu şi a avut nevoie de îngrijiri medicale. A venit o salvare şi l-au încălzit într-o folie argintie. Salvamarii erau convinşi că a fost răpit de un val. Nu şi-au putut închipui că cineva ar fi putut să fie atât de inconştient încât să se arunce singur în apă în acele condiţii, mai ales că viaţa celor care au sărit să-l salveze a fost pusă realmente în pericol.

Eram şocată şi furioasă. Nu pricepeam cum de nu s-a gândit nicio clipă la noi, la consecinţe, la copii? Ce s-ar fi întâmplat dacă nu ar fi fost salvat? Eram în vacanţă cu copiii şi prietenii noştri şi, dacă ne-am fi întors fără el, cum ne-am fi simţit? Ne-am fi revenit oare vreodată dintr-o astfel de nenorocire? Ce-a fost în capul lui?

Ulterior, am evitat să discutăm despre acel incident şi nici Victor nu şi-a descris trăirile. Mi-a spus doar că a realizat imediat că înota împotriva curenţilor şi că şansele de a reveni la mal, fără ajutor, erau minime, dat fiind şi riscul serios de hipotermie. Eu îi mulţumeam lui Dumnezeu că nu mi-l luase, de câte ori îmi aminteam sau mă aflam în vreo biserică. Nu ştiam că va pleca oricum câţiva ani mai târziu, chiar dacă nu în largul oceanului. Iar mesajul pe care l-am receptat atunci când privirile noastre s-au încrucişat după ce fusese salvat l-am înţeles abia când a plecat. Şi am înţeles nu doar mesajul, dar şi faptul că ceea ce se întâmplă în viețile noastre este scris dinainte și că nu putem schimba acest curs, oricât de mult ne-am dori.

Apoi, chiar pe 1 ianuarie 2007, Victor a alunecat și căzut pe scara interioară din casă, lovindu-se destul de rău la coloană. Durerea a fost atât de mare încât a rămas acolo paralizat minute bune. Din fericire, nu s-a întâmplat nimic grav, cu excepția unei vânătăi uriașe care s-a vindecat în vreo două luni.

În perioada următoare, în timp ce curăța zăpada în curte, a căzut un bloc de gheață de pe casă foarte aproape de capul lui. Au urmat și un picior luxat la schi, amețeli și zgomote în urechi, mâncărimi pe piele și gât înțepenit sau umăr blocat.

Într-adevăr, venise timpul să se dezvăluie. Minciuna sau energia atașată ei nu doar îmbolnăvește, dar poate chiar ucide. Și cred că el trăia în această stare de ceva vreme.

Au fost și niște semnale date de corpul meu, pe care le-am perceput destul de intens în ultima perioadă a conviețuirii noastre, dar nu am știut cum să le interpretez. De câte ori Victor mă lua în brațe sau avea vreo tentativă de apropiere fizică, simțeam secunde bune ca o combustie în corpul meu, ceva extrem de neplăcut și respingător. Să ne înțelegem! Nu știam atunci că soțul meu îmi aducea energia unei a treia persoane în patul conjugal. Eu nu, dar intuiția mea știa. Nu am mai avut niciodată, după plecarea lui Victor, acea senzație vecină cu greața.

În afară de reacția fizică, pot spune că și în plan sufletesc se anunțau niște mișcări. Deși în ultimii ani mă comportasem ca un alergător de cursă lungă, începusem să nu mai înțeleg sensul acestei curse și, mai ales, nu vedeam unde ar fi trebuit să se termine, unde era linia de sosire. Nu de puține ori mă întrebam când o să încep să și trăiesc? Mi se părea însă că mai aveam ceva de făcut. Era un fel de amânare, de proiecție în viitor, ca și când, după ce terminam acel ceva nedefinit de făcut, în sfârșit, eram liberă să mă bucur de viață. Cu toate că avusesem tot felul de experiențe, când mă uitam în urmă, mi se părea că am trăit o viață mediocră, fără să fac lucruri remarcabile, memorabile. Întrucât mă invada destul de des un soi de anxietate vecină cu depresia, o stare de neliniște tulburătoare, cea mai frecventă rugăciune era aceea de a-mi găsi pacea sufletească. Nu mi-a trecut însă niciodată prin minte că m-aș fi putut simți așa fiindcă „nu mă împlinea" soțul meu.

Aveam și niște vise repetate în care îmi pierdeam încălțămintea și umblam desculță prin locuri pline de noroaie sau mizerii. Mai visam, tot repetat, că mergeam în vizită la părinții mei și nu o găseam pe mama mea, care se făcea că părăsise casa și nu știa nimeni unde este. Mă trezeam cu senzația unei pierderi ireparabile.

Înainte ca Victor să plece de acasă, mi-l amintesc pe David cu mânuțele împreunate în timp ce spunea rugăciuni într-o biserică din apropierea casei, în care eu obișnuiam să merg foarte des. Pe atunci credeam într-un Dumnezeu atotputernic, reprezentat de Isus și Maica Domnului și o altă pleiadă de sfinți. Dată fiind educația mea religioasă creştin-ordodoxă, credeam că trebuie să-i fac pe plac acestui Dumnezeu şi să respect regulile creştin-ordodoxe, să nu păcătuiesc şi, în general, să cred că Dumnezeu ştie mai bine ce are de făcut. Îi cultivam și lui David respectul pentru regulile sfinte și chiar îl supuneam la ritualurile ortodoxe privind spovedania și împărtășania. Simțea și el că se întâmplă ceva și tulburarea din sufletelul lui îmi rupea inima. M-a întrebat. Am încercat să-i explic câte ceva despre ce înseamnă *midlife crisis* și i-am arătat câteva materiale găsite pe internet. Pe atunci așa credeam, că soțul meu trece printr-o astfel de tulburare emoțională. L-am crezut tot timpul când m-a asigurat că nu are pe alcineva, deși mai toți prietenii mă asigurau că are. I-am spus lui David că tatăl său suferă de ceva ca un fel de „gripă" și că nu putem face altceva decât să așteptăm să-i treacă. Asta i-a dat speranță pentru o vreme. Până când a aflat că, de fapt, tatăl său a ales să plece de lângă noi și să trăiască lângă o altă femeie, ceea ce nu avea nicio legătură cu „gripa" de care îi spusesem eu. De atunci David a început să experimenteze alte emoții: abandonul, neputința, trădarea și, mai ales, furia de care, din păcate, nu a scăpat nici până în ziua de azi.

Într-o seară, Victor ne-a adunat pe toți în camera de zi și a început să-și recite *speech*-ul în sensul că „noi" am hotărât să ne despărțim, fiindcă „nu ne mai înțelegem...", iar la obiecțiunea mea că nu despre „noi" și nici despre „neînțelegeri" este vorba, a admis că „el nu se mai simte bine...".

Nu s-a pus nicio clipă problema de cum ne simțeam noi, ce avea de gând să facă în continuare cu familia noastră, cum înțelegea să-și manifeste rolul de părinte? Pentru el era important că „își făcuse datoria" de a ne anunța. Totul era despre el, desigur. Nu se mai simțea bine cu noi! Punct!

Eu chiar aveam convingerea că trece printr-o criză și am început să mă documentez. Am înțeles că bietul om traversa o perioadă de tulburări serioase și aveam toată compasiunea pentru suferința lui. Am crezut că, într-adevăr, s-ar putea liniști dacă ar locui o vreme fără noi, că o să-i lipsim, că o să realizeze cât de bine îi este în familia noastră. Așa că l-am ajutat cu niște bani ca să-și închirieze un apartament. Habar nu aveam că prin prezența noastră în viața lui nu făceam decât să-l incomodăm și că era deja prea „ocupat" ca să-i lipsim.

A urmat apoi o perioadă în care i-a vizitat pe prietenii noștri pentru a le da vestea. Până când l-am rugat să nu mai facă acest lucru, se folosea de David, pe care îl lua cu el și își începea discursul: „...eu și David avem să vă spunem ceva...", crezând probabil că David îi era complice și că va fi de partea lui. Copilul avea atunci 12 ani, dar își amintește acele scene și impresia pe care i-au lăsat-o unii dintre prietenii noștri, care, în percepția lui, fie știau, fie au reacționat de complezență, fiindcă, în realitate, se bucurau pentru destrămarea familiei noastre. Nu l-am chestionat niciodată despre ce simțea atunci, dar într-o oarecare împrejurare și-a descris impresiile.

După plecarea lui Victor, ne-a luat mult timp ca să ne dezmeticim cât de cât. Nimic nu mai era ca înainte. Casa părea întunecoasă, fără viață, fiecare se refugia în colțișorul lui pentru „a-și linge rănile" separat de ceilalți. De câte ori intram în curtea casei, mă apuca jalea. Îmi venea să mă întorc, dar nu știam unde să mă duc. Dacă în astfel de împrejurări se folosește expresia „inimă frântă", pot spune că exprima cel mai bine ceea ce simțeam. Inima mea era frântă. Plângea. Sângera. Agoniza. Era muribundă.

David era deprimat, se plângea de colegi, de profesori, nu mai avea chef să meargă la școală, spunea uneori că îi vine să se sinucidă. S-a împăcat greu cu ideea că nu mai suntem o familie, cum eram. Nu a acceptat însă, cel puțin până la momentul când scriu aceste rânduri, că tatăl său a preferat să trăiască lângă altcineva, că nu i-a mai plăcut de noi. Și, de aceea, au fost multe episoade în care suferința lui s-a somatizat la nivel fizic. Nu de puține ori am ajuns, de urgență la spital, David acuzând dureri insuportabile, pentru care nu s-a depistat nicio cauză organică. A trecut prin episoade de furie, apoi de izolare, de agitație, de anxietate, de depresie. A plâns mult. De furie, de dor, de disperare, de dezamăgire, de durere. Am fost alături de el și sunt în continuare. Dar, oricât de mult mi-aș dori să-i iau durerea cu mâna, sunt conștientă că drumul ieșirii la lumină din bezna suferinței care-i întunecă bucuria de a trăi trebuie să fie parcurs doar de el.

Ema tocmai termina facultatea și, după examene, s-a refugiat la sala de fitness. Uneori mergea chiar de două ori pe zi și se extenua în exerciții fizice. Apoi devenea aproape letargică și dormea foarte mult.

Mie mi se părea că cel mai simplu ar fi să mor. Oricum, nu credeam că pot suporta la nesfârșit rana din mine care parcă se adâncea cu trecerea timpului, în loc să se cicatrizeze. Eram devastată și nu mă puteam concentra la nimic preț de câteva secunde. Mă durea totul. Amintirile năvăleau năprasnic, totul era legat de „noi". Îi simțeam încă mirosul și uneori mi se părea că aud pașii lui Victor în casă sau în curte. Ba aveam impresia că e sub duș sau că trebuie să vină de la serviciu. Orice trezire la realitate era ca un cuțit răsucit în rană.

Deși nu dormeam nopțile, mă chinuiam să mă târăsc afară din pat și să merg totuși la serviciu pentru a fi în contact cu cineva. De multe ori mă apuca plânsul în fața computerului sau chiar în întâlnirile cu clienții. Colegii mă tolerau și mă lăsau să plâng cât voiam. Știau că nu există altă cale pentru a-mi ușura suferința. Cu clienții, mă scuzam că trebuie să dau urgent un telefon și părăseam încăperea. Mă descărcam pe drumul de întoarcere spre casă, profitând de trafic și de zgomot. Urlam de durere în mașină, sperând că nu mă aude nimeni. Nu-mi permiteam luxul de a plânge în voie acasă, ca să nu-i îngrijorez pe copii. Dar plângeam mult și pe înfundate, până la epuizare.

Încet, încet, gândul sinuciderii devenise seducător. Mi se părea că aceasta este o soluție care îmi stă tot timpul la dispoziție. Nu mă grăbeam. Cu toate acestea, gândul creștea, creștea și, pe măsură ce-l lăsam să-și facă de cap, parcă mă înghițea. Devenise complicele meu, salvatorul meu, planul de rezervă, dacă starea de rău care-mi întuneca zilele, viața, ființa, nu se disipa.

Chiar așa stând lucrurile însă, am început să realizez că durerea nu venea din afară, de la soțul meu, ci din mine, din mintea mea. Nu percepeam atunci cu exactitate dacă gândurile declanșau emoțiile sau invers, dar am început să-mi observ mintea. Eram posedată de propria minte! Mi se părea de necontrolat, gânduri fără sens curgeau într-una în jurul poveștii. O contractură extrem de dureroasă era instalată parcă pentru totdeauna în plexul solar. Durerea pulsa în timpul nopții ca și când ar fi avut o existență de sine stătătoare. Mă devora pe dinăuntru.

Mi-era dor de Victor, de viața noastră împreună, de familia noastră așa cum era cu doar câteva luni în urmă. Mi-era dor să vorbim, să ne împărtășim impresiile de peste zi, să adormim ținându-ne de mână, cum făceam uneori. Jeleam într-una, ca și când iubitul meu ar fi murit. Mă trezeam mai obosită decât mă culcam și parcă n-aș fi vrut să mă mai trezesc. Sentimentul acela de pierdere ireparabilă, vecin cu moartea, era acolo, în primele secunde ale dimineții. Luni de zile, în starea de veghe, eram complet acaparată de această poveste, eram posedată de ea. Mă seca de energie, îmi fura viața!

În vara anului 2008, după plecarea lui Victor, am convenit ca fiul nostru să meargă cu el în vacanță în Majorca. Chiar dacă eram separați, îmi doream ca Victor să se manifeste ca un părinte față de David și să limităm efectele negative pe care, de regulă, despărțirea părinților le produce, aproape invariabil, asupra copiilor. Eram perfect conștientă de acest lucru mai ales că, în cariera mea de avocat și judecător, văzusem multe situații de copii „sacrificați" de egoismul și inconștiența părinților.

M-am oferit să-i duc la aeroport și să-i aștept la întoarcere. La plecare, îmi amintesc că am stat mult în fața blocului în care Victor se mutase cu chirie. Nu mai apărea. Eram deja în întârziere. A apărut într-un târziu spunând că l-a blocat cineva în lift... aiureli... Când s-au întors, l-am lăsat pe fiul nostru acasă și l-am condus la „casa lui", cum îi plăcea să spună. L-am întrebat atunci dacă nu-i este dor de noi, i-am spus că nouă ne lipsește enorm, că ne este greu fără el. Că mă gândesc să mă sinucid, că nu știu să trăiesc fără el. M-a repezit... era grăbit. Și, mai mult ca sigur, așteptat...

Am rămas plângând în mașină. Mă durea atât de tare inima, tot corpul, încât am rămas mult timp acolo jelind... După ce m-am adunat cât să fiu în stare să conduc, m-am întors acasă. Deși nu mi-era foarte clar, am sesizat o schimbare. Îmi doream să trăiesc, indiferent de situația în care mă adusese viața. Bărbatul acela indiferent, ostil, lipsit de compasiune și, cum aveam să aflu curând, și de scrupule, putea să plece! Dacă ar fi să identific un moment de cotitură după schimbarea brutală din viața mea, acela a fost primul. Atunci cred că a început călătoria în interior, către adevăratul „Eu", ACASĂ, acolo unde aveam, de fapt, TOTUL.

Orice sfârşit este un început

Abia acum, când scriu, realizez că cifrele adunate ale anului 2007 dau cifra 9, aşa că, dacă m-aş lua după numerologi, ar fi vorba despre sfârşitul unui ciclu. Într-un fel, a şi fost un amestec de sfârşituri şi începuturi şi invers, dar, una peste alta, aş putea spune că a fost unul dintre cei mai grei ani din viaţa mea. Aceasta fiindcă, aproape tot anul, am trăit în preajma morţii. Cumnatul meu, soţul surorii mele, de care eram foarte ataşaţi, era cât pe-aci să moară. Cu mulţi ani în urmă suferise un infarct masiv, urmat de un diabet şi, chiar dacă reuşise să-şi ţină bolile sub control, niciodată nu-şi făcuse investigaţii complete. În orice caz, în urma unei crize, s-a constatat că avea înfundată coronara stângă aproape complet şi exista oricând riscul de a face un alt infarct. A venit la Bucureşti prin mai-iunie 2007 şi a mai plecat în noiembrie. Cu excepţia perioadei de spitalizare, a rămas în casa noastră, aşa că prezenţa bolii şi spectrul morţii ne-au însoţit în toată acea perioadă. Medicii de la spitalul Fundeni au foarte rezervaţi şi, dată fiind gravitatea cazului, nu au vrut să-l opereze în perioada verii, când nu ar fi existat suficient personal la terapie intensivă.

L-am instalat pe Relu într-o cameră și i-am cumpărat un fotoliu și niște perne ca să-i țină capul, fiindcă nu putea să doarmă în poziția culcat. Se sufoca pur și simplu. Sora mea a venit și ea să-l îngrijească, iar Victor a încercat să găsească soluția cea mai potrivită pentru ca Relu să fie operat. Acest lucru s-a întâmplat în septembrie 2007.

Pe la începutul aceluiași an, eu și actualul meu partener de business ne-am deschis propria firmă de avocatură și eram destul de ocupată, fiindcă, pe lângă faptul că erau multe lucruri de pus la punct din punct de vedere administrativ, aveam și proiecte importante în lucru.

Am plecat totuși într-o vacanță de două săptămâni în Spania prin august, întrucât biletele erau cumpărate înainte de criza lui Relu și nu am fi vrut să-i lăsăm impresia că e în stare terminală și că, din această cauză, rămânem în preajma lui. Ne-am comportat cât se putea de firesc în acele circumstanțe.

Eu mă rugam asiduu la Dumnezeu să nu o lase pe sora mea văduvă. Relu este un bărbat bun, priceput, cu un simț foarte dezvoltat al familiei. Victor îl trata ca pe fratele lui. Îmi amintesc că, de ziua mea în acel an, am mers împreună cu sora mea în nouă biserici și am lăsat rugăciuni scrise – «acatiste», pentru cumnatul meu. Îmi spusese cineva că un astfel de ritual este mai puternic decât o rugăciune obișnuită.

Eram toți dați peste cap, obosiți, îngrijorați, iar prioritatea priorităților era neîndoielnic salvarea vieții lui

Relu sau, mă rog, făceam tot ceea ce depindea de noi în acest sens.

Relu a fost operat în septembrie, iar intervenția a fost extrem de dificilă, mai ales că a trebuit să-i extirpe și o zonă necrozată din inimă care se formase la primul infarct. Nu prea mă pricep la chestii medicale și nu sunt sigură că îmi mai amintesc exact discuțiile de atunci. Și-a revenit din anestezie și eram cu toții foarte bucuroși, chiar dacă era la terapie intensivă și exista un risc postoperator major.

După câteva zile, Relu a început să facă fibrilații și au trebuit să-l intubeze. Din câte îmi aduc aminte, făcea câteva zeci de episoade pe zi și îi stimulau inima fie cu masaj cardiac, fie mecanic, cu aparatură. Doctorii au fost extraordinari și de fiecare dată reușeau să-l readucă la viață. Nu prea se știa însă cât de afectat îi era creierul din cauza neoxigenării, mai ales că prima criză durase vreo jumătate de oră.

În orice caz, printr-un miracol, pe 14 septembrie, când este ziua de naștere a lui David și ziua Crucii în ortodoxie, Relu și-a revenit. De atunci a urmat un lung proces de recuperare, mai ales că făcuse escare grave pe spate. Sora mea a fost tot timpul lângă el și s-a dovedit infirmiera perfectă. Așteptam ca Relu să ne descrie cine știe ce *near death experience* sau altceva, dar el nu și-a amintit nimic. Și, ca să fie îndeajuns de amuzant, primele lucruri de care a întrebat când a ieșit din comă au fost buletinul și portofelul.

Deși Victor părea mai absent ca de obicei, am pus totul pe seama experienței intense pe care o trăisem de-a lungul anului și așteptam cu nerăbdare sărbătorile de iarnă. Primele manifestări neobișnuite în comportamentul lui au apărut în ziua în care am mers la cumpărături înainte de Crăciun, când puțin a lipsit să mă lovească, fiindcă nu îi auzisem telefonul în supermarket. Nu am acordat vreo semnificație aparte acestui gest, chiar dacă nelalocul lui și fără precedent. I-am găsit imediat scuze legate de încercarea grea prin care trecuserăm, oboseala, stresul etc., etc. Mintea mea era foarte generoasă în ceea ce-l privea.

Tensiunea dintre noi a trecut repede și Victor ne-a invitat pe mine și pe Ema să-l însoțim la petrecerea de Crăciun organizată de firma lui. Acolo am avut un sentiment acut de disconfort, ca de obicei. Avea multe colege care mă priveau intens și deloc prietenos sau, cel puțin, așa mi se părea. Cred că ele știau mai multe decât știam eu, în orice caz, mă simțeam între ele la fel de confortabil ca și când m-aș fi aflat într-un cuib de viespi.

Una dintre acele femei era și mama unei colege a lui David, despre care mi s-a sugerat, după despărțire, că avusese o legătură mai strânsă cu Victor decât de simplă colegialitate. Știam că o părăsise soțul și, desigur, am empatizat cu povestea femeii. La rugămintea lui Victor, i-am acordat consultații juridice, ba chiar am invitat-o, împreună cu fiica ei, să petreacă revelionul cu noi. Victor și această colegă plecau însă destul de des împreună în delegații în afara țării, au petrecut câteva zile la schi prin nordul Moldovei, chipurile cu copiii, și chiar a adus-o într-o zi la masa de prânz, spunând că doamna se duce la dentist și nu a apucat să mănânce. Aveam însă încredere oarbă în Victor și suprimam orice mică bănuială care-mi încolțea în minte. Și cine putea să mă ajute cel mai bine decât tot mintea, desigur? Femeia avea o înfățișare masculină, era neîngrijită și grăsuță și am exclus orice posibilitate ca soțul meu să fie atras de ea. Dar ce știam eu, în afară de ce-mi plăcea mie să cred despre el?

După mulți ani de la despărțire, am aflat că se vorbea printre colegi și de o relație cu șefa lui, o femeie divorțată și puțin isterică. David o numea „Dinți Lați", fiindcă avea dinții mari și râdea isteric. Nu am bănuit nimic în acea perioadă, mai ales că Victor se plângea frecvent de ea și chiar au avut numeroase conflicte. Se pare însă că erau doar certurile firești ale unor foști amorezi.

În fine, Victor începuse relația extraconjugală cu femeia pentru care a plecat de acasă și cu care este căsătorit în prezent, în cursul acelui an 2007. Nu știu când și cum a putut să mimeze îngrijorarea față de starea lui Relu în același timp cu amorul extraconjugal. Am aflat că și ea era, în același an 2007, în proces de divorț. Lucra ca secretară sau așa ceva și fuseseră colegi de serviciu la primul lui loc de muncă după întoarcerea lui Victor de la Londra. Dacă nu singura, era printre puținii foști colegi cu care mai vorbea din când în când. Îmi amintesc că, la un moment dat, și ea s-a mutat la aceeași firmă unde lucra Victor, dar nu a rămas decât vreo două luni. Mi-a spus atunci despre ea și părea chiar bucuros că redeveniseră colegi. Am înțeles de la șefa „Dinți Lați" că tocmai el o recomandase călduros. Nu am cunoscut-o pe această femeie și nici nu mi-am dorit să o cunosc. S-a aflat acolo însă, în aceeași stare de inconștiență în care se afla și fostul meu soț, cînd el a hotărât să „experimenteze cu altcineva". Într-unul dintre exercițiile Metodei Sedona®, despre care voi mai povesti, Hale Dwoskin ne-a invitat să ne imaginăm ce am fi în stare să-i facem unei persoane despre care credem că ne-a făcut un rău, dacă ne-am afla în fața ei și am ști că nu am suferi nicio consecință. Și să reținem prima imagine care vine, fără nicio dezbatere internă. Iar eu mi-am imaginat această persoană. Și am îmbrațișat-o...

Cred că nici ea nu știe adevărul, în termeni relativi, vorbind. Cel mai probabil, Victor i-a spus că nu ne mai înțelegem, că suntem separați, că nu-l mai fac fericit... Nimic original, mai toți spun același text. Iar ea s-a simțit îndreptățită să-l salveze... și chiar să-l păstreze. Femeia era în divorț, iar bărbatul acela părea liber sau pe cale de a se elibera. Trebuia doar încurajat puțin... Cred că, inițial, Victor nu și-a făcut mai multe planuri decât erau capabili hormonii lui. S-a lăsat însă înghițit de vortexul poveștii pe care mintea lui, inspirată și de noua lui parteneră, i-o țesea. Iar acea femeie s-a dovedit a fi perfect potrivită în acea poveste, în acea energie. S-au atras unul pe celălalt. Se numește poluare.

În orice caz, am aflat că este cu o altă femeie într-un mod foarte bizar. Puteam să jur că nu are pe nimeni și chiar repezisem câteva prietene, mai pățite, care încercau să-mi spună că niciun bărbat nu pleacă de acasă dacă nu are ceva „aranjat" în altă parte.

S-a întâmplat ca, prin septembrie 2008, la câteva luni de când dispăruse din viața noastră, Victor să-și piardă telefonul mobil într-un supermarket. Iar domnul care l-a găsit, cetățean onest, a sunat pe un număr, la întâmplare. Iar la acel număr a răspuns șefa lui, „Dinți Lați", care habar n-avea că Victor plecase de acasă și m-a sunat pe mine, dându-mi numărul de mobil al găsitorului. Când l-am apelat, acesta s-a arătat surprins și mi-a spus că „a predat telefonul proprietarului care era cu soția...". „Dar dumneavoastră cine sunteți?", a întrebat, derutat. „Sunt soția", am răspuns la fel de derutată...

Așa s-a prăbușit statuia soțului meu „tulburat emoțional de criza vârstei de mijloc"!

Din povestea micului „eu”

Primele amintiri despre mine sunt înconjurate de sentimente de spaimă. Intrasem într-o mlaștină în care mi se afundau picioarele, iar străbunica mea se chinuia să mă scoată de acolo. Cred că aveam vreo trei sau patru ani. Apoi mă revăd la cinci ani, când cei din familie mă îmbrățișau și îmi spuneau la mulți ani. Începusem deja să mă identific, să mă separ, eram eu, micuța sărbătorită, și ceilalți...

Amintirile din primii ani de viață și din școala primară sunt ca niște *flash*-uri, cam aceleași și din ce în ce mai puține. Mă văd îmbrăcată frumos cu o fustiță albastră plisată cu bretele peste o bluză albă, alergând în brațele unor profesoare ale surorii mele care mă simpatizau. Ceream atenție și, firește, îmi plăceau cei care mi-o acordau. Printre pozele sepia din cutia de lemn care se află pe undeva în casa părinților mei, ar trebui să fie și o fotografie care imortalizează un astfel de moment.

Întrucât sora mea este cu trei ani mai mare, învățasem de la ea să scriu și să citesc înainte de a începe școala, motiv pentru care știam textele lecțiilor pe dinafară, fiindcă nu mai era nevoie să învăț în același ritm cu ceilalți copii. După o vreme, când învățătoarea m-a pus să citesc rând cu rând, nu am mai știut. A trebuit să reînvăț să mă concentrez asupra literelor și să nu mai reproduc textele din memorie.

Deși mi se părea că lumea mea este suficientă, m-am mirat să aflu că mai sunt și alte locuri în care trăiesc alți copii care merg la școală. Am aflat aceasta când niște elevi de vârsta noastră de la școala din comună au venit într-un fel de schimb de experiență la școala noastră. A fost ca o revelație în drumul meu de explorare sau de extindere a universului exterior. Unul dintre băieții din acel grup, fiul directorului școlii din comuna vecină, a fost și primul meu prieten, mulți ani mai târziu.

Îmi amintesc iernile cu multă zăpadă, înaltă cât gardurile care împrejmuiau curțile oamenilor. Îmi plăcea să merg la școală prin tunelele săpate în zăpadă sau prin curtea casei care era plină de labirinturi către animale și diversele anexe din gospodăria părinților mei. Eram săraci, dar eu nu știam acest lucru. Nu aveam termen de comparație și acceptam lucrurile așa cum erau. Purtam paltonul alb din urson pe care îl purtase și sora mea, cizmele care îi rămăseseră ei mici, veste tricotate de mama mea. Nu aveam curent electric, în fapt, satul a fost electrificat când eram eu prin clasa a șaptea. Învățam la lampa cu gaz. Îmi amintesc că am împrumutat o carte de povești scrisă de Frații Grimm de la biblioteca școlii. Eram fascinată de pozele colorate și trăiam intens în lumea poveștilor pe care le citeam. Mama mea venea dintr-o familie cu patru copii, extrem de săracă. Și pentru că tatăl ei a orbit când ea era micuță și părinții nu și-au permis să-i dea pe toți la școală, mama a fost cea sacrificată. De aceea, când mă vedea citind, mă certa, zicând că o să-mi stric ochii. Am aflat într-o zi, când voia să mă asculte la istorie și ținea cartea invers, că, de fapt, ea nu știa să citească...

Cele mai traumatice amintiri sunt legate însă de tatăl meu. Un om bun, de altfel, pâinea lui Dumnezeu, dar dependent de alcool până în urmă cu vreo 20 ani când, prin nu știu ce miracol, s-a lăsat de băutură. Se pare că băuse sodă când era mic și își arsese gâtul, așa că nu a pus strop de alcool în gură până târziu când a început să bea, la început ca să-și dovedească faptul că nu mai are arsuri, apoi pentru că nu se mai putea opri.

Rememorez, cu detașare acum, scandalurile numeroase care se petreceau sub ochii mei și ai surorii mele, îndeosebi de sărbatori, când nu se mai oprea din băut. De nenumărate ori am scăpat-o pe mama noastră din mâinile lui și nu de puține ori am văzut masa răsturnată cu fundul în sus cu tot ce era pe ea, doar pentru că nu i se mai dădea de băut. Odată, când era o nuntă prin vecini, a bătut-o atât de rău pe mama mea și a împins-o cu obrazul în muchia de lemn a unui pervaz, încât a trebuit să meargă la spital și să i se pună copci, atât de rău sângera. Și acum are un semn pe obraz. Era șofer de profesie și eram îngrozită de câte ori auzeam motorul unei mașini pe drumul din sat. Mă refugiam pe undeva în grădină prin lanul de porumb și spuneam rugăciuni fierbinți lui Dumnezeu ca să o apere pe mama și ca tatăl meu să nu vină beat. Inutil să spun că rugile mele nu erau ascultate.

Cu toate astea, un miracol l-a făcut să se lase de băut alcool în urmă cu aproximativ 20 de ani. S-a întâmplat după ce a murit tatăl lui și bunicul meu. Acesta din urmă era foarte atașat de noi și ne-a purtat de grijă mie și surorii mele când eram copii și cred că a murit cumva îngrijorat cu privire la tatăl meu. Bunicul a fost un mare iubitor de viață, dar în ultimii ani, înainte de a muri, a suferit mult și își dorea să moară. Ne ruga pe toți să-i ușurăm suferința și să-i dăm ceva să termine mai repede. Spunea că îl simte pe Isus Cristos în gât, iar uneori se privea în oglindă, deschidea gura și încerca să-l scoată de acolo. De câte ori mergeam în vizită, îi spuneam că trebuie să aibă răbdare, fiindcă sufletul nu moare și, dacă nu i-a venit timpul, trebuie să mai pătimească. La ultima vizită în care l-am mai prins în viață mi-a spus: „ai avut dreptate, sufletul nu moare... m-a dus Isus Cristos la morți și era atâta lumină...". Am încercat să aflu mai multe, dar, după acest mesaj, discuția a devenit banală. Cert este că a murit în ziua în care se sărbătorea Înălțarea lui Isus la ceruri, când, în sfârșit, l-a lăsat să plece după atâta suferință.

După moartea bunicului, s-ar putea spune că tatăl meu a fost aproape bântuit o vreme. Avea halucinații și ba se vedea un schelet, ba vedea obiectele din casă transformându-se în figuri înspăimântătoare, până într-o noapte când a visat că a murit. Și se simțea minunat, nu îl durea nimic și nu mai avea nicio problemă. Dintr-o lumină care creștea și se apropia de el a apărut atunci un bărbat care i-a spus: „Nu te speria, sunt sfântul Ion!". De atunci, nu s-a mai îmbătat niciodată, chiar dacă mai gustă câte un păhărel din când în când. Iubește natura, animalele și este foarte liniștit și împăcat. Văzându-l așa, am spus de multe ori în ultimii ani că tatăl meu l-a găsit pe Dumnezeu!

În urmă cu câțiva ani, într-o vară, mama mea care are peste 80 de ani, dar vitalitatea unei persoane de 30, a căzut de pe o scară din lemn care s-a rupt și s-a rănit grav la un picior. Practic, aproape i-a fost smulsă pulpa piciorului și a fost internată de urgență la spital și operată. Eram acolo când au adus-o din sala de operație și l-am vazut pe tatăl meu foarte emoționat, fața lui era expresia compasiunii pure. I-a apucat mâna mamei mele și, când s-au privit în ochi, au început amândoi să plângă. Mi s-a părut că am asistat la un moment de comuniune autentică între cele două ființe, când practic trecutul lor încărcat de probleme și resentimente a dispărut și au rămas dragostea și compasiunea ca manifestare imediată a ființei lor adevărate.

Fetiță fiind și trăind în lumea mea strâmtă și plină de sărăcie și violență, nu visam la un Făt-Frumos care să vină pe un cal alb să mă salveze. Nici nu visam să mă fac mireasă. Mi se părea că sunt prea săracă pentru asta. Mă vedeam însă având doi copii și un soț doctor. Așa au stat lucrurile. Dorința mea cea mai arzătoare era să mă fac artistă și să cânt sau să joc în piese de teatru sau în filme.

Am învățat bine în primele 8 clase de școală generală în satul meu natal. Am fost premianta clasei în fiecare an. Ai mei au hotărât că ar trebui să fac un liceu pedagocic și să mă fac învățătoare. Din rațiuni pragmatice. Aș fi avut o slujbă și puteam să fiu învățătoare la școala din sat. Așa s-a și întâmplat. Deși era concurență mare, de 6-7 candidați pe un loc, am luat examenul și am fost admisă la liceul pedagogic, specializarea învățătoare. Erau clase paralele de fete și băieți, iar durata liceului era de 5 ani. A fost un liceu bun, în care am învățat cum să fiu temeinică în studiile mele, pentru a fi un dascăl adevărat pentru copiii din clasele I-IV. Îmi amintesc că, la sfârșitul liceului, când am făcut un panou cu pozele tuturor, diriginta ne-a pus să inventăm noi un motto reprezentativ. Eu am fost cea care a creat mottoul: „*Lumină din lumina mea să dau și nu mă voi stinge niciodată*". M-am gândit că noi vom fi învățătoare și prin lumina învățăturii transmise elevilor noștri și de ei altora, și așa mai departe, nu ne vom stinge niciodată. Atunci nu știam că ceea ce se stinge, cu adevărat, sunt doar corpurile noastre fizice.

Deși trăiam în regimul comunist, cu excepția constrângerilor de ordin material, care oricum ni se păreau firești, nimic nu ne stăvilea visele adolescentine de a deveni ceea ce visam să devenim. În liceu am învățat să cânt la vioară și exista o preocupare artistică accentuată, așa că am făcut parte din tot felul de formații și coruri, am participat la concursuri de recitatori și povestitori artistici, încât încet-încet visul meu de a mă face artistă prindea contur.

Mi-am făcut multe prietene în acea perioadă, dar nu am rămas în contact cu ele. Cu excepția uneia dintre ele care a terminat dreptul și este avocată, ca și mine, celelalte colege au rămas învățătoare prin orașele și satele din județ unde au fost repartizate inițial sau pe unde s-au măritat și am convingerea că formează generații minunate de școlari.

După ce am terminat liceul, am primit repartiție ca învățătoare la școala din satul meu, acolo unde învățasem și eu în școala generală. Am primit clasa I și, în ciuda lipsei de experiență, am reușit să învăț micuții de 6-7 ani să scrie, să citească și să socotească. Erau copii sărmani, unii de pe ulița în care locuiam și eu și îmi plăcea mult să le dezvălui mai multe despre lume, așa încât să înțeleagă că nu se reduce totul la satul și la familia lor, cum pățisem eu când eram de vârsta lor. De Crăciun, veneau cu sorcova și le făceam tot felul de dulciuri de casă. Eram fericită să văd bucuria pe chipurile lor, mai ales că, pentru unii dintre ei, vizita aceea era printre puținele ocazii când puteau mânca ceva dulce. Atunci am învățat să fac ciocolată de casă, bezele, torturi cu cremă de șerbet și tot felul de bunătăți.

Nu mai știu ce s-a întâmplat cu copiii din clasa mea, acum adulți în toată firea. Cel mai probabil trăiesc și ei repetabila poveste în care au crescut, și-au gasit slujbe, și-au întemeiat familii și au făcut copii. Îmi amintesc doar că sora unuia dintre elevii mei, care provenea dintr-o familie extrem de săracă și cu mulți copii, mi-a trimis o scrisoare în care îmi mulțumea pentru dragostea pe care i-am aratat-o când era micuță și care a inspirat-o să se facă învățătoare, așa cum am fost și eu.

După liceu, am dat doi ani la rând examene de admitere la facultatea de teatru. Nu aveam bani de pregătire cu actori sau cu cineva priceput. Habar n-am de ce, dar pur și simplu credeam în steaua mea, cum se spune, și mă prezentam la examene doar cu talentul nativ, neprelucrat. Era o concurență acerbă, vreo 80 de candidați pe loc și am picat de două ori la probele eliminatorii. Imediat după ce am decis să abandonez teatrul, m-am întâlnit cu o fostă colegă de liceu care intrase la drept. De la ea am aflat că trebuie să știi economia și filozofia pe dinafară ca să iei examenul, așa că m-am pus din nou pe învățat. Am reușit, cu câteva săptămâni înaintea examenului de admitere, să știu pe dinafară cele două cărți, așa că am hotărât să le repet în gând zilnic, ca să nu le uit. Spuneam o carte în șase ore și apoi pe următoarea. Am făcut asta mai bine de două săptămâni. Am intrat cu prima medie, chiar dacă era o concurență mare, de 23-24 candidați pe un loc. Și acum mă văd plângând de emoție în spatele Facultății de drept din București când am aflat rezultatul... și aud cum mă încurajau cei din jur: „...lasă că ești tânără, mai dai și la anul...".

În studenție, am stat la cămin, primii doi ani în „Grozăvești", apoi în „6 Martie", lângă Facultatea de Drept. Erau vremuri grele. Frig în cămin, apă caldă cu porția, o dată pe lună făceam de serviciu la cantină și tot noi ne făceam curățenia în cămin. Nu exista personal de serviciu.

Era atât de frig, încât iarna stăteam mai toată ziua în paltoane. Dormeam cu pijamale groase sau treninguri și cu nu știu câte rânduri de pături. Ce să mai vorbim de mâncare? Eu, ca și alte colege care aveau bursă și beneficiau de cartelă pentru cantină, vindeam cartela ca să ne cumpărăm cărți, haine sau alte lucruri necesare și mâncam mai nimic. Îmi amintesc că eram așa de înfometată încât, atunci când vorbea cineva despre mâncare, îmi venea să vomit. Una dintre colegele noastre, care avea părinții măcelari, își tot făcea fripturi într-o tigaie într-o încăpere numită «oficiu», singura care avea priză validă. O rugam să mă lase să-i amestec în tigaie ca să mă satur de miros. Și chiar mi se părea că mănânc. Se întâmpla frecvent ca, după ce ne băgam în pat, pe întuneric, vreuna dintre noi să vorbească despre ce i-ar plăcea să mănânce. Mi se umplea gura de salivă și adormeam înfometată. Foloseam des și păcăleala cu fisa de 25 de bani. Ceream câte o fisă de telefon, până făceam doi lei pentru un langoș cu brânză de la magazinul din colț. Ce deliciu!

Adoram să învăț dreptul românesc și am avut note mari la examene. O singura notă de nouă, în anul I la drept constituțional, restul zece. Eram fericită în sesiuni. Când studiam, parcă mâncam. Memoram sute de pagini din cărțile groase de drept. Și astăzi, după zeci de ani de la terminarea facultății, știu exact unde era tratată una sau alta dintre instituțiile de drept. Am avut norocul să învăț cu o pleiadă de profesori străluciți, printre care profesorul Beleiu la teoria generală a dreptului civil în anul I, profesorul Deak care mi-a fost și îndrumător la doctorat, profesorul Stătescu, care era decan în acea perioadă, profesorul Bîrsan care a fost până în 2013 judecătorul român la Curtea Europeană a Drepturilor Omului de la Strasbourg, ca să enumăr numai câțiva. Mulți dintre ei nu mai sunt în viață, dar continuă să inspire multe generații de juriști prin scrierile lor și nu numai...

La terminarea facultății de drept am optat pentru un post de avocat în biroul de avocați din Buftea, care ținea de Baroul București, deși orașele mari erau închise la repartiție. Chiar dacă încasările avocaților erau limitate prin lege, exista legenda că avocații câștigă totuși mai bine decât judecătorii sau procurorii. Acesta a fost unul dintre motivele principale pentru care am ales să fiu avocat. Cred că eram sătulă de sărăcie. În adâncul sufletului meu mi-aș fi dorit să fiu judecător, dar nu-mi pare rău că am făcut, inițial, alegerea de a fi avocat... deși acum știu că aceste alegeri nu ne aparțin. Mai târziu, experiența de avocat m-a ajutat în cariera mea de judecător, fiindcă știam atât de bine „ritualul" conducerii ședinței de judecată, încât mi se părea că făcusem acea muncă de când lumea. În plus, travaliul și emoțiile muncii avocatului m-au ajutat să privesc altfel lumea de la bară și să mă debarasez de invidii sau frustrări induse de falsele povești despre avocații „plini de bani care nu fac nimic altceva decât să învârtă niște hârtii și să ia banii clienților".

Prin biroul de avocați Buftea, ca și la instanța de acolo, au trecut mulți dintre juriștii care s-au afirmat în viața publică după revoluția din 1989. Mă gândesc la Flavius Baias, care este acum Decanul Facultății de Drept din București, Cristian Diaconescu, fostul meu coleg de facultate, care a fost ministru al justiției în guvernul Năstase și de externe în guvernul Boc, Alexandru Farcaș, fost ministru de externe în Guvernul Năstase și mulți alții.

Vremurile erau cumplite. Eu stăteam cu chirie într-o garsonieră din Rahova și făceam naveta la Buftea în fiecare zi, mai puțin duminicile, dacă nu ne chemau la ceva munci agricole. Acolo am petrecut iarna cumplită dintre anii 1984-1985, cu temperaturi de minus 20 de grade Celsius. Îmi amintesc că stăteam agățată de bara de metal a tramvaiului către vechea piață a Unirii și uneori nu mai puteam să-mi dezlipesc palmele, atât erau de înghețate. Aproape zilnic se întrerupea curentul electric în bloc, uneori ore întregi, când oamenii rămâneau în lift și țipau ca niște animale captive. Odată, am stat la o coadă la cartofi în piața Unirii până am leșinat. M-am trezit pe o tarabă cu zeci de ochi holbați asupra mea.

Distracțiile în acele vremuri erau extrem de limitate. Ne vedeam la unul sau altul acasă, spuneam bancuri, jucam cărți și beam vin fiert iarna. Cel mai des ne întâlneam în casa unui judecător a cărui soție era secretară la biroul nostru de avocați și pe care destinul l-a readus în viața mea peste ani, în calitate de client. Nu s-a pus niciodată problema să discutăm soluțiile sau cazurile în care asistam părțile mai mult decât ca laitmotiv de distracție. Oricum eu eram abia un „copil" ieșit de pe băncile facultății, plină de idealuri și convinsă că particip la „facerea justiției". În orice caz, în sălile de ședință ale judecătoriei, care era organizată într-o casă țărănească cu sobe din teracotă, se discutau și cazuri civile sau penale în cursul cărora se petreceau scene hilare, amuzante, în pofida condițiilor și scorțoșeniei regimului comunist. Îmi amintesc, de pildă, într-un caz în care erau judecați niște homosexuali, că unul dintre gardieni a vrut să ungă ușa de la intrarea sălii de ședință pentru că scârțâia la fiecare utilizare. Dată fiind agitația, la întrebarea judecătorului ce se întâmplă, unul dintre avocații mai în vârstă a spus: „a venit și vaselina", spre amuzamentul celor din sală de judecată.

Deși justiția era făcută într-un regim dictatorial care inventa legi dintre cele mai restrictive, cum ar fi furtul produselor agricole sau controlul averilor, nu de puține ori am apreciat echilibrul judecătorilor care reușeau să distribuie dreptatea în așa fel încât să ai sentimentul de dreptate, și nu de dictatură.

Am apărat, în acea perioadă, femei care erau trimise în judecată pentru că au furat ouă sau pui de la Avicola sau porumb de fiert din tarlaua CAP-ului. Uneia, care avea mulți copii și care a fost condamnată cu executare, îi trimiteam pachete la penitenciar. Am fost avocatul unor țigani căldărari care erau trimiși în judecată pentru uciderea din culpă a fratelui lor, fiindcă circulau cu o căruță fără catadioptri care a fost acroșată de un camion și în urma coliziunii a rezultat decesul victimei. Și acum mă amuz când îmi amintesc cum mă aștepta toată familia în fața judecătoriei, iar copiii îmbrăcați în pantalonași făcuți din material transparent din care se fac perdelele mă arătau tuturor spunând, cu mândrie, că sunt „avocătița lor". Mai nostim a fost că, după administrarea probelor, a rezultat că proprietarul și cel care condusese căruța a fost chiar victima.

Am apărat și pe unul dintre directorii delapidatori de la combinatul de carne din Periș într-un proces judecat la fața locului, în care au fost aplicate pedepse uriașe. Printre cei apărați din oficiu au fost și violatori, unii acuzați de false violuri, întrucât, deși existase consimțământul victimei, aceasta forța împăcarea părților prin căsătorie, posibilă sub incidența reglementărilor de atunci. Am pledat și în apărarea unor infractori care se făceau vinovați de comiterea unor violuri autentice și, în lipsa altor elemente circumstanțiale, făceam un examen al etiologiei comportamentului delincvent al autorilor, sugerând că, dacă ar fi existat acel cumul de cauze socio-familiale în viața oricui, inclusiv a judecătorului sau procurorului, comportamentul antisocial, într-un fel sau altul, ar fi fost inevitabil. Am avut și multe procese civile, nu prea sofisticate ca problematică sau valoare și care reflectau, în fapt, starea de sărăcie a națiunii într-un regim dictatorial obstructiv. Pot spune însă că începutul carierei mele a fost un exercițiu extrem de util pentru ce a urmat și o lecție importantă de viață pe care am înțeles-o mult mai târziu: că, atunci când ești inconștient, nu ai nicio alegere, de aceea oricine poate fi apărat. La întrebarea dacă și criminalii sau alți infractori pot fi iubiți, adresată lui Hale Dwoskin de către unul dintre participanții la cursul Metodei Sedona®, acesta a răspuns: „Ei suntem noi, doar că ei au fost prinși...".

După revoluția din 1989, am hotărât să intru în magistratură și așa am devenit judecător la Judecătoria sectorului 1. Am iubit mult munca de judecător. Era ca și când aș fi participat la punerea în ordine a unei lumi încâlcite, haotice. Atunci când intram în sala de ședință, uitam complet de viața mea personală și mă bucuram din toata ființa de spectacolul uman, uneori grotesc, alteori dramatic sau hilar pe care îl rearanjam în baza regulilor de drept prin hotărârile mele judecătorești. Acum știu că acela a fost locul în care deveneam prezentă, cum ar spune Eckhart Tolle. De aceea mă simțeam atât de bine. Așa se explică și ușurința cu care împărțeam dreptatea și starea de confort pe care o aveau avocații și justițiabilii în prezența mea. Aveam un simț foarte exact al soluției judiciare și eram împăcată cu mine de câte ori hotăram ceva.

Întrucât am condus și ședințe de judecată în cauze penale, am pronunțat, firește, multe sentințe de condamnare și am trimis mulți oameni în închisoare pentru infracțiunile comise. Nu am avut însă niciodată vreun sentiment de îndoială sau disconfort cu privire la soluția pronunțată, fiindcă, pe lângă cunoștințele mele de drept, făceam o cercetare judecătorească exhaustivă pentru a mă convinge de vinovăția celui trimis în judecată și nu mă mulțumeam cu ce aveam în dosar de la urmărirea penală.

Îmi amintesc că, printre procesele pe care le-am avut în perioada anilor 1993-1994, s-a numărat și devalizarea casei lui Ion Rațiu, unul dintre liderii țărăniști, de către minerii veniți în capitală „să o salveze" de așa-numiții «huligani» din Piața Universității. Mulți își amintesc cred că, după alegerile din 1991, a urmat un val de proteste în Piața Universității, iar unii dintre protestatari chiar s-au instalat acolo pentru câteva luni bune, până când au fost alungați de minerii veniți „să facă ordine la București".

S-a întâmplat ca, în acele împrejurări, minerii să pătrundă și în locuința lui Ion Rațiu și să o devalizeze. Cu acel prilej a fost sustrasă o sumă mare de bani, de vreo 100.000 dolari US. Minerul care era acuzat de furt pretindea că a fost însoțit de niște ofițeri de securitate, de la așa-numitul departament «doi și un sfert» și că a avut tot timpul convingerea că a intrat legitim în locuința victimei, cu aprobarea autorităților. Mai mult, susținea că nu a avut habar de valoarea banilor pe care i-a purtat toată ziua la centură și i-a predat apoi celor doi ofițeri. Procesul a fost dificil, întrucât ofițerii, arestați și ei, erau destul de abili în a-şi masca vinovăţia. Cert este că impactul pe care psihologia colectivă l-a avut în acele zile asupra celei individuale a condus şi la acte infracţionale grave chiar, fiindcă participanţii aveau un sentiment de partajare a vinovăţiei. Pe străzile Bucureştilor se desfăşurau scene oribile, minerii înhăţau tinerii suspecţi de „huliganism" şi îi loveau cu bestialitate, iar gospodinele din capitală îi încurajau, aplaudînd cu satisfacţie perversă această modalitate oribilă de restabilire a ordinii. Societatea civilă, dar şi minerii chemaţi sau veniţi în capitală în acele zile au fost victimele unei manipulări care a avut caracter reciproc. Unii dintre mineri chiar au crezut că sunt singurii capabili să facă ordine şi mai ales îndreptăţiţi la aceasta, chiar dacă România păşea timid pe drumul democraţiei şi ar fi fost de dorit să folosească alte mecanisme pentru a-şi regla derapajele.

După eliberarea din penitenciar a minerului pe care l-am condamnat pentru ceea ce făcuse, dar l-am achitat pentru alte infracţiuni, primul drum pe care acesta l-a făcut a fost la biroul meu din clădirea Palatului de Justiţie. Mi-a mulţumit pentru cum l-am judecat şi mi-a promis un lămpaş când mai avea drum prin Bucureşti. Nu-mi amintesc dacă şi-a ţinut sau nu promisiunea, dar este ciudat că astăzi, când scriu aceste rânduri, a murit Cristi Paţurcă, artistul care a creat celebrul imn al Pieţei Universităţii: „...mai bine golan decât activist, mai bine mort decât comunist...".

„Eul” imigrant

În cursul anului 1997, Victor s-a hotărât să caute o slujbă în Anglia. Avea un masterat în studii clinice la Londra și era oarecum obișnuit cu stilul englezesc de viață. Pot spune acum că i se potrivea, el însuși fiind destul de rezervat și discret, la prima vedere. Inițial a aplicat la un spital din sud-estul Angliei, dar nu a fost acceptat pentru post, deși a fost invitat la interviu. Îmi amintesc că m-am rugat mult atunci la icoana Sfintei Parascheva, care era sfânta mea favorită. Îmi doream să plecăm din țară pentru o vreme. David era micuț, nu ne ajungeam cu banii, nu puteam să facem niciun fel de achiziții din salariile noastre. În plus, eu îmi „lingeam încă rănile” după traumele despărțirii de primul soț și credeam că am nevoie de o schimbare. Oricât mi-am dorit însă și m-am rugat pentru aceasta, nu a fost să fie din prima. Uitându-mă în urmă, realizez cât de adevărat este efectul eliberării de dorințe sau *letting go* pe care l-am practicat în anii din urmă prin Metoda Sedona®.

După ce Victor a fost respins la primul interviu, am avut o stare interioară de „ce-o fi să fie!” A fost acceptat la al doilea interviu pentru o slujbă mai bine plătită și la un spital din centrul Londrei, „Royal Free Hospital”, pe un post de lector în studii clinice. A fost suficient, așadar, să creez spațiul în care viața să curgă firesc și a curs, desigur, mult mai bine decât mintea mea ar fi putut plănui.

Eram judecător la Tribunalul București atunci, dar, fără să stau prea mult pe gânduri, am hotărât să intru în concediu pentru creșterea copilului, iar, ulterior, mi-am dat demisia. Totodată, am început să facem demersuri pentru a vinde apartamentul din Calea Moșilor, cu scopul relocării la Londra. Am lăsat în apartament tot ce nu se putea lua și nici da la prieteni sau rude. Am plecat cu pilote, lenjerii, cutii cu cărți, icoane și haine pentru noi și pentru copii. Victor a venit să ne ia cu o rulotă închiriată pe care am ticsit-o cu toate „troacele noastre", care, în total, nu cred că făceau o mie de euro. Am plâns mult atunci din varii motive. Că mă despărțeam de casa în care se născuse fiul meu, de prieteni, de trecutul meu, chiar dacă plin de privațiuni și suferințe. Era totuși *my comfort zone*. În același timp, teama de necunoscut începuse să-și „arate colții", așa că nu eram chiar în apele mele când am plecat din țară. Și totuși nu am ezitat să-l urmez pe soțul meu, care credea că doar așa noi și copiii noștri vom avea un viitor mai bun.

Am călătorit vreo trei zile. Din păcate, rulota era defectă, fiind foarte cald în cabină și foarte frig în partea din spate, unde stăteau copiii. David era micuț, avea un an și câteva luni și aveam să aflu ulterior că era incubat cu rubeolă, așa că frigul din rulotă a contribuit, cel mai probabil, la agravarea stării bebelușului meu. Prima noapte am dormit în rulotă într-o parcare din Ungaria, iar a doua noapte am trecut pe la cumnata mea, sora lui Victor, prin Hamburg. Ne-a așteptat cu bunătăți, din care îmi amintesc doar tiramisu cu căpșuni. În fine, am ajuns la Londra destul de obosiți, după ce ne-am mai învârtit câteva ore pe M25, fiindcă Victor ratase intrarea spre zona în care închiriase locuința pentru noi.

Apartamentul închiriat era amplasat la primul etaj al unei case în stilul englezesc terasat și avea două dormitoare și un living. Aparținea unui grec tânăr și cumsecade. Era mobilat deja, așa încât nu a trebuit să facem vreo investiție în acest sens. Ce nu-mi plăcea era faptul că ferestrele nu se puteau deschide, iar uneori atmosfera era absolut irespirabilă. În acea vară, am fost într-o vizită la Paris și ne-am întors cu brânză franțuzească pe care am pus-o în frigider. Era o cantitate considerabilă, fiindcă erau cu noi și sora lui Victor din Germania, la rândul ei *big fan* al brânzeturilor franțuzești și niște prieteni de-ai ei, violoniști, care veniseră să viziteze Londra. Nu vreți să știți ce miros de brânză franțuzească „parfuma" micul apartament fără posibilități de aerisire!

La scurt timp după ce ne-am instalat, micuțul David a început să facă febră. Intuiția îmi spunea că este vorba de o boală a copilăriei, dar Victor a insistat să-l ducem la generalist. Nu știam pe atunci ce înseamnă, dar am înțeles că era un fel de medic de familie din România. Pe scurt, generalistul nu era specializat în ceva anume, dar aparent se pricepea la toate. Întrucât simptomele rubeolei sunt comune cu cele ale amigdalitei – febră și gât roșu –, generalistul a prescris antibiotic pentru David, medicament care, de fapt, a stopat erupția și a agravat febra. Câteva zile la rând, micuțul a avut febră mare, în jur de 40 grade, care nu ceda la nimic, nici măcar la împachetări în prosoape ude sau dușuri reci. Eram disperată, nu mă confruntasem cu așa ceva în experiența mea de mămică, deși, cu fiica mea, trăisem multe episoade de roșu în gât cu febră mare. Știam că trebuie combătută febra prin orice mijloace pentru a evita convulsiile și riscul aferent de encefalopatie sau alte complicații.

După câteva zile de administrat antibiotic, fără niciun efect, i-am spus lui Victor că nu am venit „în țara minunilor" să-mi omor copilul, fiindcă mi se părea că doctorii sunt incompetenți, așa că am hotărât să-l ducem într-o noapte pe David la cel mai apropiat spital. Acolo urma să lucreze și Victor cu jumătate de normă la un departament de cercetare. După ce am stat la o coadă considerabilă de persoane cu diverse probleme, în special în stare de beție avansată sau sub influența drogurilor, o doctoriță, care pretindea că nu reușește să-i vadă gâtul lui David, fiindcă are salivă, a schimbat antibioticul cu unul mai puternic. A doua zi, corpul micuțului era plin de pete roșii, iar febra a cedat. Între timp și sora lui făcuse o erupție pe corp. Doctorul care a venit să-l vadă a recomandat întreruperea antibioticului, fiindcă suspectează o reacție alergică. În realitate, a fost un diagnostic greșit, iar corpul fiului meu reacționase într-un târziu și se vindecase singur.

Așadar, primul meu contact cu Londra a fost dur și dezamăgitor. Nu pricepeam cum, într-o țară așa de avansată, doctorii nu identifică o boală a copilăriei, iar sistemul sanitar, cu atât de multe filtre, mi se părea complicat fiindcă, până reușești să ajungi la un specialist, riști să dai „ortul popii", cum se spune. Îmi amintesc că, la un moment dat, erau niște reportaje la televiziunea lor cu suferinzi de cataractă care erau în cozi de așteptare de ani buni și riscau să orbească, motiv pentru care plecau în India, unde se operau în câteva zile, în spitalele de acolo. Tot așa, într-o iarnă când întreaga țară era devastată de o gripă agresivă, englezii nu aveau decât câteva paturi de urgență pentru categoriile de persoane vulnerabile – bătrâni și copii, spre deosebire de țara vecină, Franța, care dispunea de mii de astfel de paturi. Așa că, deși nu chiar ca în România, nici sistemul medical din Marea Britanie nu era, cel puțin în acei ani, în afara oricărei critici.

După acest episod cu rubeola lui David, aproape trei luni cerul a fost acoperit și eventual a plouat mărunt, așa încât, atunci când a apărut prima oară soarele, David nu mai suporta lumina. Eu m-am ținut cât de cât ocupată cu redactarea tezei de doctorat și eram încă fascinată de explorarea străzilor și a caselor din jur, cu grădini spectaculoase, pline de flori și verdeață. Aveam și niște parcuri în apropierea casei, în care mergeam cu David, uneori şi de două ori pe zi.

Ema a început şcoala şi a învăţat aproape spontan să vorbească engleza. Luase câteva luni lecţii de engleză înainte de a pleca din România, dar oricum erau prea puţine faţă de rapiditatea cu care a vorbit şi a scris fluent în engleză. Şcoala era aproape de casă şi s-a integrat destul de repede sau, cel puţin, aşa părea. În realitate, ea ştia că nu putea să conteze pe noi, fiindcă eu nu vorbeam engleza, iar Victor era ocupat, aşa că a învăţat să-şi rezolve singură problemele de adaptare.

După câteva luni, am cumpărat o casă pe strada paralelă cu cea în care locuisem cu chirie la venirea din România. Era o stradă *cul de sac*, destul de liniştită, chiar dacă pornea din M25, o autostradă aglomerată. Aveam aproape parcuri, staţia de metrou, şcolile copiilor şi multe magazine ţinute de greci şi turci în care regăseam gustul legumelor de acasă sau murături, brânză, măsline, chiar varză murată pentru sarmale. Casa avea o grădină micuţă în spate, de care m-am ocupat cât am locuit acolo. Avea şi o construcţie micuţă, *shed* sau baracă de grădină, în care mă mai ascundeam să fumez, fiindcă multă vreme am făcut acest lucru pe ascuns.

Nu vorbeam engleza şi, la început, mi-am cumpărat nişte cursuri înregistrate pe casete audio. Ascultam ore întregi, aşa încât uneori mintea repeta singură în timpul nopţii, ca un papagal. Cu toate acestea, atunci când deschideam gura și încercam să încropesc o conversație, îmi ieșeau niște orori nu doar de exprimare a cuvintelor, dar și gramaticale. Un soi de frustrare a început să se instaleze încet, încet, dublată de dorul de casă, de un sentiment de alienare și mai ales de singurătate. Așa m-am trezit în plină depresie. Nu-mi găseam locul, făceam în fiecare zi același lucru, nu comunicam cu nimeni și plimbările în parc cu David, cu plânsetele de rigoare de câte ori trebuia să ne întoarcem acasă, deveniseră de nesuportat. Eram atât de deprimată, încât mă târam foarte greu afară din pat și nu mai vedeam „luminița de la capătul tunelului". A fost imposibil să-mi găsesc o slujbă fiindcă eram *overqualified* în țara mea, deși am fost la tot felul de interviuri, de la infirmieră în spital, până la vânzătoare sau secretară. Nu-mi ieșea absolut nimic. Simțeam că sunt blocată undeva, într-un loc în care nimic nu mă mulțumea. Îmi abandonasem cariera, nu puteam comunica în engleză decât în mod limitat, nu mă satisfăcea meseria de „casnică" și mă simțeam singură într-o țară rece și la propriu, și la figurat.

Victor, la rândul lui, avea două slujbe și lipsea mult de acasă, uneori nu se întorcea nici noaptea. Presupun că muncea mult, acum nu știu ce să mai cred. Ne înstrăinaserăm și nu părea să realizeze starea prin care treceam eu. Dimpotrivă, mă acuza că nu vreau să fac nimic pentru mine și aproape că mă umilea de fiecare dată când, chipurile, încerca să mă ajute să-mi fac un curriculum vitae sau să aplic pentru un job. Părea indiferent, egoist și chiar imatur. În orice caz, am realizat că mi-am pus viața în mâinile unui „copil" și că el nu putea face mai mult. Nu l-am acuzat niciodată de nimic și am început să-i ascund, în măsura în care puteam, stările prin care treceam. În fond, fusesem de acord să plecăm din țară, trebuia să-mi asum responsabilitatea dificultăților pe care le întâmpinam.

Dacă la începutul relației noastre orice apropiere fizică între noi îmi făcea corpul să vibreze, am simțit, la un moment dat, că apropierea intimă îmi repugnă. Și chiar dacă, în timp, respingerea s-a diminuat și chiar a dispărut, nu am mai fost în flăcări niciodată, de atunci, la atingerile bărbatului meu.

Pentru a evada din starea în care mă aflam, am început să meditez, îndeosebi în jurul prânzului când dormea David. La început mă rugam și vizualizam, pe rând, nouă biserici din România în care mă rugasem cândva. La un moment dat, am simțit cum ceva pleacă din corpul meu, pe gură, parcă era un suflu care-mi umplea obrajii. Imediat mi s-a părut că vedeam Londra de deasupra, casele de cărămidă roșie așezate în șiruri lungi, grădinile, iar în apropiere parcă vedeam, cu coada ochiului, o pasăre zburând. M-am gândit că mi-ar plăcea tare mult să merg să-mi văd părinții în România. În acel moment, revenirea în corp a fost ca un recul. În zilele următoare am mai trăit astfel de experiențe, mi se părea că văd pereți tapetați, mobilier, ca și când aș fi călătorit prin casele vecine. Cert este că realizam exact momentul acestor ieșiri, de fiecare dată la întâlnirea stării de veghe cu cea de somn, când în mintea mea apărea un gol de gânduri. Și după întoarcerea în țară, în anumite momente când atingeam acea stare de gol mental, se manifesta imediat tendința „corpului eteric" de a-l părăsi pe cel fizic. În orice caz, cât timp am avut aceste experiențe la Londra, simțeam că se află cineva lângă patul meu care mă ghidează. Habar n-am dacă era doar o formă de a-mi alina suferința sau, într-adevăr, am avut acele începuturi de experiențe de extracorporalizare. Cum tot ceea ce ține de minte este o iluzie, și acele episoade erau, cel mai probabil, încercări de a evada dintr-o realitate care nu-mi plăcea.

O vreme, am combinat mersul la școlile de limbă engleză cu întâlnirile acasă cu Joyce, o englezoaică amabilă care făcea voluntariat și ajuta persoanele cu copii mici, care nu puteau merge la școală, să învețe limba engleză. Cred că ne vedeam de vreo două ori pe săptămână, în timpul orelor de somn ale lui David. Aveam momente când eram extrem, extrem de deprimată și nu aș fi vrut să văd pe nimeni. Nu știu dacă Joyce m-a învățat să vorbesc engleza, cert este că m-a ajutat foarte mult emoțional să depășesc perioada de depresie neagră în care intrasem și îi sunt foarte recunoscătoare pentru aceasta.

Mă simțeam realmente abandonată de Victor într-o țară străină în care nu știam pe nimeni, cu doi copii în grijă, fără cineva cu care să-mi împart frământările, fără nicio speranță de a-mi găsi vreo slujbă în viitorul apropiat sau mai îndepărtat. Copiii, la rândul lor, aveau probleme: Ema era în pragul adolescenței și avea tot felul de tulburări, iar David suferea de astm bronșic și constipație cronică, așa încât era foarte sensibil, iar orice caca devenea un coșmar și se lăsa cu plâns de toate părțile. El, că avea dureri și plângea până nu mai putea, eu, că nu mai suportam suferința lui.

Îmi amintesc că, la un moment dat, am încercat să-i explic lui Joyce cum mă simțeam, deși vedea și ea că nu sunt tocmai în apele mele. Apoi a început să spună că e normal să am dificultăți de adaptare, dar că este de datoria soțului meu să mă ajute. Mi-am dat seama că nimic din ceea ce îi spusesem lui Joyce, folosind engleza mea limitată, nu-i spusesem propriului meu soț, în limba maternă. Și am căutat în dicționar să-i arăt lui Joyce cuvântul care exprima cel mai bine simțămintele mele față de Victor: era cuvântul *disapointment*, care se traduce dezamăgire. Da, eram dezamăgită, pentru că mă aruncase într-o lume străină și mă abandonase acolo. El nu părea să înțeleagă prin ce treceam, dar nici să-i pese, chiar dacă ar fi înțeles. Ritualul lui zilnic, atunci când venea acasă peste noapte, era să se trezească târziu, în jur de 9-10 dimineața, să-și facă un duș care nu se mai termina, să plece în jurul prânzului și să vină în jur de 11, 12 noaptea, eventual a doua zi. Nici în weekend nu făceam lucruri spectaculoase. Uneori, mergeam la supermarket și de câteva ori am vizitat satele din jurul Londrei sau, vara, mai mergeam la mare, în partea de sud-est a Angliei, într-un loc numit Southend on Sea.

Ema, deși se adaptase relativ repede, nu părea nici ea fericită și se confrunta cu diverse probleme pe care încerca să și le rezolve singură. Știu că a sesizat, de câteva ori, tutorele clasei și psihologul școlii fiindcă era victima grupurilor de *bully* din clasă. Apoi, s-a împrietenit cu una dintre colegele ei care era foarte dezvoltată fizic și care, din câte știu, se droga și avea relații sexuale. Nu-mi plăcea compania acelei fete, dar nici nu am fost genul de părinte care să controleze anturajul copiilor săi. În orice caz, Ema devenise foarte ostilă și mă înfrunta cu orice ocazie.

Într-o vacanță de vară, am trimis-o pe Ema să-și viziteze tatăl și bunicii paterni în România. Avea 12 ani. S-a întors cu părul vopsit și se făcea că nu ne cunoște la întoarcerea pe aeroportul Heathrow din Londra. Noroc că avea însoțitor și ne-a fost „predată" în bune condiții.

La un moment dat, am început niște cursuri de *business administration*, undeva în Camden Town, unde mergeam zilnic. Am învățat să lucrez bine pe computer, să-mi fac un curriculum vitae profesionist, să stăpânesc teoria interviului. Mi-am dat seama că totul se învăța acolo, inclusiv prezentarea la interviu pentru un job era o întreagă artă, de la cum să ții privirea, mâinile, până la ce întrebări să adresezi interlocutorului. Unul dintre primii tutori ai acelui curs era un individ slinos, cu părul lung și nespălat, care trăznea a tutun și avea dinții mâncați și, din câte se vorbea, chiar se droga. Am cunoscut însă imigranți ca mine, din Rusia, Kosovo, Maroc, Peru și alte părți ale lumii, m-am împrietenit cu homosexuali sau lesbiene, dislexici care abia învățau să scrie, chiar dacă aveau afaceri importante și toate aceste contacte umane m-au ajutat să-i înțeleg mai bine pe alții și, implicit, pe mine.

Victor m-a invitat odată la un soi de bal al primăverii la care participau cei din rețeua medicală în care lucra, dar și firma de avocatură care asigura consultanța juridică. Îmi amintesc că pe noi ne-au așezat la masa unde erau avocații, având în vedere profesia mea. Lângă Victor era așezată prietena sau soția unuia dintre partenerii acelei firme. Femeia era foarte slabă, excesiv de bronzată și aproape dezbrăcată, cu o bluză transparentă, prinsă de gât, cu spatele gol. Tocmai veneau dintr-o vacanță exotică. Cum eu nu vorbeam cine știe ce engleză, s-a angajat în conversație cu Victor, după care a început să-l atingă și să se lipească de el într-o manieră extrem de provocatoare. Victor era și el încurcat de avansurile pe care femeia i le făcea, fără rușine, sub ochii mei și comentam în română comportamentul ei nepotrivit. În perioada pe care am trăit-o la Londra, am mai avut câteva experiențe de acest fel, care au fost și un fel de șoc cultural pentru mine, venită dintr-o lume mai pudică, cu morală și principii. Am înțeles, cu timpul, că englezoaicele sunt destul de dezinhibate și nu se formalizează dacă le place vreun bărbat.

Între timp, constat că „dezinhibiția" s-a extins și spre țara mea, iar românecele nu se sfiesc nici să-și aleagă un soț, dacă le place, chit că este însurat cu altcineva.

După o vreme, am mers la un Colegiu în nordul Londrei pentru cursuri de limba engleză și acolo mi-am făcut câteva prietene, una dintre ele din Peru, alta din Argentina, cu care ne-am vizitat de câteva ori cât am stat la Londra. Cea din Peru era măritată cu un englez și au petrecut sărbătorile de iarnă cu noi în România în anul 2003.

În fine, în anul 1999, după ce învățasem o brumă de engleză, am fost admisă la College of Law din centrul Londrei, pe Store Street, aproape de Oxford Street, pentru un curs de drept care asigura reconversia profesională în *solicitor* sau *barrister*, cele două ramuri care – împreună – echivalează, în Anglia, cu profesia de avocat din România. Admiterea a fost precedată de o verificare atentă a studiilor și titlurilor mele din România, pentru ca, în final, să mi se recunoască dreptul de a studia în oricare dintre ramurile dorite, chiar dacă cea de barrister este oarecum inaccesibilă imigranților, ca urmare a rezervei clienților de a-i angaja. Așa am ajuns, la 42 de ani, studentă la zi, la una dintre cele mai bune școli de drept din Anglia, cu colegi foarte educați, inteligenți și competitivi. Eu nu vorbeam foarte bine limba engleză, dar înțelegeam totul și scriam bine, așa încât reușeam să-mi iau notițe. Mi-am făcut câțiva prieteni în timpul studiilor, dar am rămas în legătură numai cu una dintre colegele mele, venită din India, pe care am și revăzut-o, ulterior, când eram avocată la Linklaters.

Am învățat foarte mult în acea perioadă, nu neapărat pentru că sistemul de drept era diferit, dar mai ales pentru că studiam în engleză și trebuia să fiu foarte exactă când îmi exprimam ideile. Școala englezească m-a fascinat. Totul era ca o construcție în care zilnic mai puneai o cărămidă pentru ca, în final, să obții clădirea care „se învârtea după soare". Totul era foarte bine gândit, profesorii prietenoși și tot timpul la dispoziția studenților. Deși am învățat într-un an cât învățasem în cei patru în facultatea de drept din România, la sfârșit stăpâneam destul de bine mecanismul dreptului englezesc. Mulți ani după terminarea cursului m-am folosit de noțiunile de drept englez în relația cu clienții străini, îndeosebi britanici. Când am dat examenele de absolvire, îmi amintesc cum stăteam într-o sală uriașă undeva la Wembley și mă gândeam că acea scenă îmi va trece prin fața ochilor atunci când voi muri și voi revedea filmul vieții. Acum sunt bucuroasă că am făcut la 40 de ani ceea ce ar fi trebuit să fac la 20, dacă s-ar fi întâmplat să mă nasc într-un alt loc sau în alte condiții. Niciodată nu este prea târziu însă și tot ceea ce trebuie să se întâmple se întâmplă oricum.

Într-una din zile, așa din senin, Victor a hotărât să ne întoarcem în România. Avusesem o discuție cu el, cu mult timp în urmă, în care îi spuneam că nu sunt fericită în Anglia, că nu vreau să trăiesc acolo și că, dacă dorește să rămână, este liber, dar o să-mi iau copiii și mă voi întoarce în țara mea. A ascultat atunci, dar nu am hotărât nimic, iar, între timp, eu chiar uitasem. Începusem să mă împac cu ideea că nu e cale de întoarcere și să-mi găsesc un fel de sens de a exista, dincolo de a fi soția lui Victor și mama copiilor mei. În București nu mai aveam casă, eu îmi dădusem demisia din funcția de judecător, ar fi trebuit să o iau de la zero cu doi copii mici în grijă. Și după ce am acceptat ce nu puteam să schimb, ceea ce era de schimbat a început să se schimbe de la sine.

În vara anului 2000, am hotărât, așadar, să ne întoarcem. Înainte de a părăsi Londra, am invitat-o pe nepoata mea, fiica surorii mele, care era studentă atunci, să ne viziteze. Am mers împreună în Spania, la Madrid câteva zile, am vizitat Toledo și am rămas o săptămână pe coasta de est, mai sus de Barcelona, foarte aproape de granița cu Franța. A venit și cumnata mea din Hamburg, sora lui Victor, care își petrecea mai toate vacanțele cu noi. Acolo ne-am sărbătorit zilele de naștere, eu și Victor fiind amândoi născuți în iulie, la interval de câteva zile, și ne-am perpelit la soare înainte de a ne întoarce la Londra pentru marea mutare.

Am împachetat tot ce se putea și am angajat o firmă să ne transporte lucrurile în România. Începea o altă etapă în povestea vieții noastre.

Întoarcerea

Ne-am întors în țară în vara anului 2000 și am stat o vreme într-un apartament din Drumul Taberei pe care o prietenă ni l-a pus la dispoziție. Socrii mei, deși au o casă uriașă în centrul Bucureștilor, erau supărați pe noi că am revenit în țară, motiv pentru care au plecat în Germania la fiica lor, sora lui Victor. Nu ne-au vorbit câteva luni bune. Am primit, ca atare, ostilitatea lor și am încercat să ne descurcăm pe cont propriu. Victor urma să revină și să mai lucreze la Londra o vreme până când reușeam să vindem casa. Din fericire, eu am fost angajată repede la o firmă destul de mare de avocați și pe un salariu care îmi permitea să plătesc chiria și să acopăr cheltuielile, fără contribuția lui Victor.

Perioada de început, după revenirea în țară, mi s-a părut cumplită. Stăteam cu chirie într-un apartament micuț pe Calea Moșilor, cu lucrurile în cutii, așa încât tot timpul scotoceam după haine, în funcție de anotimp. Uneori uitam să mănânc cu zilele și slăbisem îngrozitor. Îmi amintesc că, într-o noapte, când stăteam întinsă pe pat, am avut o senzație de comprimare, ca și când corpul se usca, devenea din ce în ce mai mic. Știu că, la un moment dat, din cauza stresului, ajunsesem să nu-mi mai pot coordona mișcările. Eram la prânz într-un restaurant unde mergeau angajații firmei unde lucram și, când am încercat să duc lingura la gură, am dus-o la ureche. Nu aveam timp însă de investigații medicale și nu-mi mai amintesc cum am ieșit din acea stare.

Eu aveam propriile dificultăți de adaptare în „marea" firmă de avocatură, întrucât legislația se schimbase, iar raționamentele juridice, deși nu-mi erau străine, nu-mi mai erau la îndemână ca înainte. Făcusem o pauză de aproape patru ani și asimilasem, între timp, un alt sistem de drept, *common law*, foarte diferit de cel de drept civil, codificat. Atmosfera din firmă era destul de tensionată, angajații sau colaboratorii se temeau să nu fie dați afară sau să-l supere pe vreunul dintre șefi. Stăteam multe ore la birou, de multe ori inutil, și nu pot să uit ședințele de 10 seara anunțate de bossul cel mare, pentru ca, după ore de frământări și așteptare, să ne anunțe că nu se mai țin. Nu am rezistat decât un an și câteva luni și mi-am dat demisia. Aparent, intrasem în conflict cu unul dintre parteneri. În realitate, trebuia să se ivească un motiv pentru a face următoarea mișcare.

David suferea de astm bronșic, nu-i plăcea mâncarea, nu-i plăcea casa în care stăteam cu chirie și, în general, nu-i prea plăcea nimic. Își dorea să ne întoarcem la Londra, acolo unde știa că este casa lui. La următoarea vizită pe care am făcut-o la Londra în 2001, când a găsit o casă goală, fără mobilă și fără „Dudu", mașina lui cu care se plimba peste tot, micuţul David a înţeles că nu mai are casă şi, eventual, s-a eliberat de dorinţa de a ne întoarce.

Întrucât nu vorbea aproape deloc limba română, deşi înţelegea, l-am înscris pe David la o grădiniţă cu predare în limba engleză. Grădiniţa era amplasată chiar la parterul blocului în care locuiam, ceea ce însemna un mare avantaj, dar aşa-zisa «educatoare» era, de fapt, ingineră şi încă practica metoda românească de educaţie „bătaia este ruptă din rai!" Într-o împrejurare, l-a lovit în cap pe David şi din această cauză micuţul a început să refuze să mai meargă la grădiniţă. Ulterior, ne-am mutat cu locuinţa şi am schimbat şi grădiniţa.

Ema era, la rândul ei, în clasa VIII-a, se pregătea de admitere la liceu şi, pe lângă adaptarea cu şcoala din România, mult mai dificilă decât şcoala din Anglia, trebuia să facă meditaţii. Intenţionam să o înscriem la un liceu de arte plastice, fiind foarte talentată la pictură. Era în pragul adolescenţei, suprasolicitată, confuză şi nu e de mirare că o luase complet razna. Şi-a făcut tot felul de prieteni în rândul cărora încerca să se „dea mare", cum se spune. Nu mică mi-a fost mirarea când, într-o dimineaţă, mi-am găsit maşina fără capace pe roţi, cu genţile îndoite şi cu rezervorul aproape gol, chiar dacă îi făcusem plinul cu o zi înainte. Am aflat, cu stupefacţie, că luase cheile peste noapte şi se plimbase cu toată gaşca prin zona Băneasa. Inutil să spun că cel care condusese maşina era minor şi nu avea permis de conducere. Au urmat beţiile şi chiar o plecare de acasă prin anul 2002, când s-a mutat cu un cuplu, el doctor rezident, chipurile, ea studentă. Am hotărât să o las să experimenteze, dar, după câteva zile, s-a întors spășită. Gazdele ei o puneau, pe bună dreptate, să contribuie la întreținerea casei și mai ales să spele, să calce, să gătească. Așa a învățat că era mai bine acasă, unde era scutită de astfel de activități.

Victor venea cam la o lună să ne vadă. În acea perioadă a pierdut de două ori avionul fiindcă a ajuns la aeroport cu întârziere. De altfel, acesta era stilul lui, lăsa totul pe ultima sută de metri și nu-și evalua niciodată timpul necesar pentru a realiza ceva, indiferent de activitate. Deja nu mă mai enerva de mult această trăsătură de personalitate. Învățasem să fac haz de necaz, cum se spune, și să-l accept așa cum era.

În 2001 am reușit să vindem casa de la Londra și să ne cumpărăm casa din București, iar Victor s-a întors și el în România.

După doi ani, mi-am înființat propriul meu cabinet de avocatură și munceam din greu să-mi construiesc o clientelă și să îmbunătățesc condiția materială a familiei mele. Veneam dintr-o familie săracă și nu mă îmbogățisem până în acel moment, cu toate schimbările din viața mea, așa că dorința mea nu era să mă îmbogățesc, dar măcar să nu mai am grija zilei de mâine, atât de sufocantă, atât de copleșitoare, după cum percepeam lucrurile atunci.

Avocatura de litigiu este o muncă infernală. Sau, cel puțin, așa a fost pentru mine, chiar dacă a însemnat un ajutor pentru mulţi dintre clienţii mei şi mi-a adus şi unele satisfacţii. De această dată, cazurile în care am intrat au fost aproape exclusiv de natură civilă sau comercială, litigii complexe, sofisticate, unele de valori apreciabile. Am apărat bănci, companii naţionale, unele de top, investitori de toate categoriile, dar şi clienţi obişnuiţi în litigii patrimoniale sau de familie, de mai mică însemnătate valorică, dar la fel de importante ca dedicare şi efort profesional din partea mea. Am acţionat împotriva Preşedinţiei României, Guvernului, inclusiv Ministerului Justiției în conducerea căruia m-am aflat câțiva ani mai târziu și împotriva oricărei autorități neglijente sau abuzive. Am redactat sute, dacă nu chiar mii de lucrări și am susținut tot atâtea pledoarii în fața instanțelor. De-a lungul anilor am trăit ca într-un carusel al emoțiilor, începând cu frustrarea că „vorbești la pereți", până la a vedea cum toți judecătorii dintr-un complet al Înaltei Curți de Casație și Justiție ies din moțăială, pun mâna pe pixuri și notează idei din pledoaria mea, ceea ce a avut ca rezultat câștigarea unui proces în care soluția părea pecetluită în sens contrar. Am râs și am plâns, am suferit dezamăgiri și m-am extaziat în fața succesului, am câștigat și am pierdut, am muncit până la epuizare.

Acest gen de avocatură între „agonie și extaz" presupune nu doar abilități de „bun avocat", în sensul de a găsi cea mai bună strategie juridică de apărare a clientului tău pe care să o exprimi în scris, dar și calități de orator, pentru a-ți transmite, cât mai bine, mesajul către judecător. Iar aceste calități se demonstrează, de regulă, în public, într-o sală de judecată în care există justițiabili, alți colegi avocați, procurori sau personalul auxiliar al instanței. Ai nevoie și de spontaneitate, fiindcă, de multe ori, se ridică chestiuni noi în fața instanței și trebuie să „ai argumentele la tine", cum se spune. Și nu în ultimul rand, trebuie să-ți stăpânești emoțiile așa de bine, încât să nu transmiți vreo slăbiciune instanței, părții adverse sau, mai ales, clientului. Acest gen de avocatură, cel puțin în România, presupune, pe lângă un efort intelectual considerabil, și un consum emoțional uriaș, fiindcă problema clientului de natură penală, patrimonială, familială etc. are întotdeauna o componentă emoțională. El vrea să câștige: libertatea fizică, averea, copilul, procesul, oricare ar fi miza lui. Iar avocatul, pe lângă a fi interfața între client și judecător, devine, de cele mai multe ori, unda de transmisie și a emoțiilor clientului sau chiar depozitarul, pe termen lung, al acestora. Nu de puține ori, devii pentru clientul tău și psihoterapeutul, cel care îl ajută sub aspect emoțional să depășească situații de viață mai dificile sau să se adapteze la schimbarea generată de conflictul dedus judecății.

Așa stând lucrurile, cât timp am fost avocat de litigii, mintea mea nu se odihnea niciodată. Capul îmi era doldora de pledoarii, scenarii juridice, răspunsuri preventive la ce s-ar fi putut invoca în instanță. Chiar și când îmi făceam duș sau mă plimbam, mintea mea mai completa o acțiune sau o pledoarie sau întrevedea o soluție legală la o problemă nouă. Nu de puține ori mă trezeam în miezul nopții să-mi notez o idee care-mi venea cu mai multă claritate în acel moment și pe care s-ar fi putut să o uit până dimineața. Faptul că fusesem judecător adăuga un plus de rigoare abordărilor mele, în sensul că nu lăsam nimic neexplorat înainte de a-mi prezenta un caz în fața justiției. În ceea ce privește planul emoțional, stresul în care trăiam se manifesta la nivel fizic prin tahicardii, pierderi de echilibru și stare de oboseală cronică. Așa încât, pentru a-mi controla ritmul inimii, cu efect și asupra emoțiilor, luam de ani de zile propranolol, un medicament din categoria beta blocantelor care, cu timpul, ajunsese să-mi afecteze memoria.

Mi-am tras sufletul, cum se spune, o scurtă perioadă de timp, în anul 2004, când am fost numită secretar de stat la Ministerul Justiției și nu pentru că aș fi făcut o muncă mai ușoară, ci doar diferită. Colegul meu de facultate, Cristi Diaconescu, fusese numit ministru și m-a rugat să-l ajut. Recunosc că abilitățile dobândite în profesiile anterioare m-au ajutat foarte mult, întrucât, pentru o astfel de poziție, nu te inițiază nimeni. După vreo câteva zile de la numire, mi s-au pus în brațe câteva proiecte de legi și am fost trimisă la Parlament să le susțin. Era perioada de preaderare la Uniunea Europeană, în care Ministerul Justiției avea, printre alte sarcini, pe cea a realizării reformei justiției prin elaborarea și adoptarea unui pachet de legi. Prin forța destinului, m-am aflat în prima linie, fiind reprezentantul Guvernului României la elaborarea, dezbaterea și adoptarea acestor legi. Și pot spune, cu mâna pe inimă, că intenția a fost de reformare a sistemului judiciar, chiar dacă nu era prea clar cum ar trebui reformat. Și pentru a ne lămuri, am fost consiliați de experți germani și francezi, care s-au contrazis suficient încât fondurile europene din care era finanțat proiectul „consiliat" să se întoarcă în Europa în mod „echitabil".

Atunci am avut prilejul să lucrez cu multe personalități din viața publică, printre care fostul meu profesor de procedură penală, Ion Neagu, care era președintele Comisiei Juridice de la Camera Deputaților. Am colaborat și cu „părintele Constituției României", Antonie Iorgovan, care era senator atunci, avocat și profesor de drept administrativ la Facultatea de drept din București, un personaj original, spumos, cu multă influență în Parlament și Guvern și care, printre altele, și-a pus amprenta pe Constituția României, pe configurația actuală a Consiliului Superior al Magistraturii, fiind și inițiatorul actualei legi a contenciosului administrativ. Din păcate, a dispărut foarte repede în urma unui cancer galopant.

Tot în acel mandat din 2004 am pledat în fața Senatului pentru aprobarea primului proiect de lege privind Codul civil care, deși adoptat de Senat, nu a trecut și de Camera Deputaților în acea variantă. Senatorii erau nemulțumiți că nu se afla acolo chiar ministrul justiției pentru susținerea unui proiect atât de important, iar discursurile lor erau destul de incisive. Eu m-am prevalat de imposibilitatea obiectivă a ministrului meu de a fi prezent, cât timp se afla într-o vizită oficială în China, programată cu mult timp înainte și am încercat să le stârnesc mândria de a participa la acel moment istoric, fiind pentru prima oară când un proiect de Cod civil se prezenta în Parlament. Le-am reamintit că în 1864, când a fost adoptat Codul civil, după modelul „Codului Napoleon", primul domnitor al statului național român, Alexandru Ioan Cuza, desființase Parlamentul. Îmi amintesc că acea pledoarie a avut efect asupra auditoriului, iar marele poet și senator Adrian Păunescu a venit la microfon și mi-a plăcut să-l aud spunând: „ce bine e să ai un secretar de stat care te face să nu-ți fie dor de ministrul lui!".

Înainte de o altă schimbare semnificativă în cariera mea, spre avocatura de consultanță, am avut un proces în care clientul meu a fost judecătorul pe care îl cunoscusem cu aproximativ 20 de ani în urmă, imediat după ce am devenit avocat stagiar la biroul de avocați din Buftea. A fost ca și când aș fi avut o datorie karmică față de acel om, fiindcă, imediat după finalizarea procesului cu acesta, am primit propunerea de a fi angajată la firma de avocatură englezească Linklaters, care avea și un birou în București. Prin anii 2002-2003, când era vicepreședintele Curții de Apel București, judecătorul a fost acuzat de mai multe infracțiuni de corupție și condamnat la 5 ani închisoare. Era cam gură spartă, dar nu l-am suspectat vreodată că ar fi fost în stare de așa ceva. Era perioada de preaderare la Uniunea Europeană, toată lumea se plângea de corupție și se căutau niște cazuri mai „alese" pentru a se demonstra voința politică în combaterea corupției. Chiar dacă erau fapte fără legătură una cu alta, în dosarul judecătorului a mai fost condamnat și un procuror, un alt judecător și o avocată, fostă procuror. Așa-numiții «pești mari» din sistemul judiciar. Dădea bine la autoritățile europene. Este discutabil însă în ce măsură au fost respectate criteriile minime ale unui proces echitabil sau garanțiile de protecție a libertății fizice consacrate de Convenția Europeană a Drepturilor Omului care se aplica și în România, cu începere din 1994. Din câte știu, recent, Curtea Europeană de la Strasbourg a sancționat statul român pentru încălcarea unora dintre garanțiile prevăzute de Convenție și în cazul acestui fost judecător.

La sfârșitul anului 2004, fostul președinte al României a dat un decret de grațiere individuală pentru vreo 44 de condamnați, inclusiv judecătorul meu. Printre grațiați se afla și Miron Cosma, liderul minerilor din Valea Jiului, acuzat de infracțiuni grave în legătură cu mineriada din 1999 și condamnat, din câte îmi amintesc, la vreo 18 ani închisoare, pedeapsă din care executase mai bine de jumătate. Întrucât era perioadă electorală, iar reacția societății civile a fost extrem de violentă cu privire la eliberarea lui Miron Cozma, președintele a hotărât să-și revoce grațierea, deși condamnații fuseseră eliberați.

Pe toate posturile de televiziune veneau cohorte de pretinși specialiști în drept constituțional sau drepturile omului care exprimau o poziție sau alta. Cert este că s-a degajat cu pregnanță idea că grațierea a fost greșită în sine și că președintele era dator să îndrepte rapid lucrurile. Avocat fiind, nu-mi venea să-mi cred urechilor. În ce țară trăiam? Eram membri ai Convenției Europene a Drepturilor Omului, iar restrângerea libertății fizice a unei persoane nu se putea face decât în condiții limitativ prevăzute! Evident că, din momentul grațierii individuale, mandatele de arestare ale beneficiarilor actului de clemență încetaseră, iar Președintele țării nu putea să-și ia înapoi clemența cu libertatea oamenilor cu tot. Președintele poate doar să ierte, nu să și pedepsească. Acest atribut constituțional nu-l are decât justiția.

În fine, după multă tevatură, poliția a început să-i strângă pe cei proaspăt grațiați de prin țară și să-i arunce din nou în pușcărie. Printre ei și judecătorul meu, care avea, la acea vreme, un băiețel de 6-7 ani. Copilul nu știa că tăticul lui fusese condamnat, ci că se întorsese din „delegația în interes de serviciu", cum i se spusese. „Drama" a fost completă. Judecătorul a făcut un preinfarct și a fost ridicat din spital și aruncat direct în Spitalul Penitenciar Rahova. Copilul a plâns. Nevasta era devastată. Aceasta se petrecea în ajunul Crăciunului din anul 2004.

Eram avocat și atunci și am intrat în acest caz la rugămintea familiei amicului meu. Am contestat imediat arestarea lui nelegală, dar Tribunalul a stabilit un termen de aproape o lună. Era o perioadă neclară. Fusese ales un alt președinte, iar coaliția de guvernământ era încă foarte critică la adresa greșelilor de guvernare a celei care intrase în opoziție. Judecătorii erau prudenți, temători, păreau că nu doresc să-și asume un gest judiciar care să deranjeze liderii politici proaspăt instalați la conducerea țării. Evident, toți grațiații reîncarcerați erau victimele colaterale ale liderului minerilor a cărui eliberare se pare că inspira multă panică în societatea civilă. În prezent, omul este liber de o bună bucată de vreme și nu s-a întâmplat nimic semnificativ. Din câte știu, cel supranumit „Luceafărul Huilei" trăiește pașnic pe undeva prin Valea Jiului și mai apare din când în când câte o știre despre el în legătură cu cine s-a însurat sau de cine a mai divorțat și ce poezii a mai scris. Pare chiar un personaj simpatic și inofensiv. Reacția împotriva lui, care a afectat atâția oameni atunci, este încă o dovadă a cât de vătămătoare poate fi inconștiența oamenilor, mai ales atunci când este produsul unei gândiri colective.

Bătălia cu sistemul pentru eliberarea amicului meu a fost o experiență extrem de dură și a implicat foarte mult efort fizic și emoțional din partea mea. A durat vreo 5 luni, interval de timp în care aveam două, trei termene pe săptămână. Deși judecătoarea învestită inițial era tânără și cred că înțelegea perfect că arestarea nu era legală, încă nu avea suficient curaj să „rupă pisica în două". M-am întrebat de multe ori în acea perioadă dacă mai vreau să-mi cresc copiii într-o astfel de ţară în care respectarea drepturilor omului era doar declarativă, iar sistemul judiciar părea paralizat, inert. Mai curios a fost că anumite persoane, care până atunci erau cunoscute ca apărătoare ale drepturilor omului, proaspăt unse în funcţii importante la Administraţia Prezidenţială, au apărut la procese în calitate de reprezentanţi ai Preşedinţiei, cerând ca decretul de graţiere „să fie declarat nul". Nu intru în dezbateri juridice, dar cunoscătorii realizează nonsensul cererii. Am scăpat de aceste persoane când şi-au dat demisia „din motive personale" şi au emigrat către alte partide politice, cu privilegiile aferente. Simpla lor prezenţă la termene putea fi motiv de intimidare pentru judecători.

În fine, după 5 luni de procese după procese, omul meu a fost pus în libertate. A mai durat vreo 24 de ore până când penitenciarul a catadicsit să-l elibereze efectiv, întrucât decizia de a fi pus imediat în libertate era fără precedent. În cele 24 de ore, după epuizarea tuturor demersurilor posibile la penitenciar, inclusiv aducerea televiziunilor, am realizat cât de găunos era întregul sistem şi, practic, mi-am pierdut orice speranţă în capacitatea instituţiilor de a respecta drepturile fundamentale ale cetăţenilor. Şi, în timp ce zăceam deznădăjduită, am primit un telefon să merg la penitenciar pentru a-l ridica pe omul meu. Când l-am văzut cu „bocceluţa" dând colţul puşcăriei, am ştiut că întâlnirea noastră a fost karmică. O prietenă avocată care mă însoţise la termene spunea că numai eu puteam să-l scot de acolo. Ea se referea la pledoarii și la puterea mea de a duce lupta până la capăt. Precedentul creat a avut însă efect de domino, fiindcă a urmat, la scurt timp, și eliberarea celorlalți grațiați reîncarcerați.

Imediat după această „misiune îndeplinită", m-am despărțit de avocatura de litigiu, chiar dacă nu complet, și m-am specializat în avocatura de consultanță, pe care o practic și astăzi.

La firma de avocatură Linklaters a trebuit să mă adaptez la concurența și activitatea dintr-o multinațională, la 10-12 ore de lucru zilnic, tot felul de manifestări egoiste, consum de timp și energie, stres și presiune în gestionarea unor proiecte de multe milioane de euro. Și m-am adaptat. Beneficiile acestei perioade au fost însă uriașe. Am învățat avocatura de business de la „cei mai buni" și continuăm să consiliem pe unii dintre clienții care ne-au urmat când ne-am despărțit de Linklaters. Am acordat consultanță juridică în proiecte care au pornit de la zero și sunt fericită când trec pe lângă parcuri industriale sau clădiri de birouri ridicate sub consilierea mea din punct de vedere legal. Și, nu în ultimul rând, acolo l-am cunoscut pe mai tânărul meu partener de business, un avocat strălucit, cu o cultură uluitoare, de un rafinament care te inspiră și mai ales un partener de afaceri corect, pe care te poți baza. Alături de el am construit o firmă de avocatură care poate face concurență firmelor mari în proiecte importante.

Tații copiilor mei

Relațiile mele cu sexul opus au fost „limitate", ca să spun așa. În perioada liceului am avut un singur prieten, dar relația a rămas pur platonică. Au urmat câteva flirturi în timpul facultății, dar se părea că, în pofida faptului că eram o fată inteligentă, drăguță, băieții mă evitau. Sau pe cine plăceam eu nu mă plăcea el și invers.

M-am măritat târziu, după standardele românești de la acea vreme, la 27 de ani. Primul soț mi-a fost prezentat de o colegă avocat. Era, la rândul lui, coleg cu soțul ei. Nu m-a atras deloc și am avut o senzație neplăcută în tot corpul, ca un semnal de alarmă. Abia acum știu că era intuiția care mă anunța că dezastrul ce urma să vină.

Acel bărbat era, indiscutabil, posesorul unui ego uriaș. Genul de persoană care știe tot și începe orice conversație cu „nu-i adevărat...". A fost o relație chinuită sub toate aspectele. Chiar dacă eu lucram ca avocat, eram foarte săraci. Salariile noastre nu ne permiteau să trăim nici măcar decent. Am făcut niște împrumuturi ca să ne cumpărăm mobilă și ne-am mutat dintr-o garsonieră sărăcăcioasă din Balta Albă, pe care o avea el, într-un apartament micuț care aparținea Casei de Asigurări a Avocaților. Ulterior am făcut schimb și ne-am mutat într-un apartament mai mare de pe Calea Moșilor veche, de asemenea, aparținând avocaților.

Căsătoria a durat vreo cinci ani, întrucât fostul meu soț, inginer de profesie, a lucrat în Iraq sau Egipt și, din cei cinci ani, vreo trei a fost plecat. Nu am agonisit nimic suplimentar și nu am făcut economii, dar lui îi plăcea să stea mai mult plecat, iar pe mine nu mă deranja, dimpotrivă. Nu s-a implicat niciodată în creșterea fiicei noastre, Ema, și nu-mi amintesc ca vreodată să fi ieșit cu ea la plimbare sau să se fi jucat cu ea.

Fiica noastră s-a născut în timpul regimului comunist, într-o primăvară când tocmai a avut loc accidentul nuclear de la Cernobâl. În acea perioadă până și apa minerală de la alimentară era drămuită, deși autoritățile ne sfătuiau să nu bem apa de la robinet. Așa că nu ne mai hidratam, ca să evităm efectele radiațiilor. Laptele praf pentru copii era distribuit de la anumite farmacii și, după ce stăteam la o coadă de câteva ore, primeam doar două cutii de lapte, care îmi ajungeau de luni până vineri. Desigur, în acele vremuri nu existau pampersi, așa că ne îmbrăcam bebelușii în scutece din bumbac. Scutecele trebuiau fierte și călcate, ca să nu se infecteze cumva pielea bebelușului.

Ema s-a născut oarecum subponderală și avea mai tot timpul probleme de sănătate. Trebuia să merg cu ea de câteva ori pe săptămână la dispensar pentru tratamente. Nu lua în greutate și era extrem de agitată, așa încât, în primele luni, nu cred că am ațipit mai mult de câteva ore adunate. Plângea aproape continuu. Mă simțeam epuizată și mai ales înspăimântată de mica făptură teroristă. După câteva luni de când nu o mai alăptam, a început să facă frecvent roșu în gât cu febră mare. Citisem despre riscul convulsiilor, așa că făceam tot ce se putea face pentru a-i combate febra. Am învățat însă să fac slujba de mămică, fără niciun training prealabil și fără să beneficiez în vreun fel de sprijinul soțului. Părea de la sine înțeles că și copilul era sarcina mea exclusivă, chiar după ce îmi reluasem activitatea de avocat și naveta la Buftea.

Ema a crescut și este acum o tânără splendidă și foarte sofisticată. A făcut liceul de arte, a terminat facultatea de jurnalism și un masterat în comunicare, are o diplomă în diplomație și atestat de mediator și lucrează într-o companie de servicii financiare în Malta. Este foarte talentată la pictură și publică într-o revistă și pe un blog articole foarte profunde, care inspiră cititorul. A înțeles, mai devreme decât am înțeles eu, că viața nu poate fi controlată. Și are încredere că tot ceea ce-i aduce viața, indiferent cum ar fi, este în folosul ei.

Într-una din zile, când rămăsesem acasă pentru a-mi pregăti un examen în cadrul studiilor de doctorat la care fusesem admisă, a bătut cineva la ușă. Deși m-am uitat pe vizor, nu mi-am dat seama că era fostul meu soț care își răsese barba. Imediat după ce a intrat pe ușă, a tăbărât cu pumnii pe mine. Ciudat, dar nu simțeam nicio durere fizică. Eram doar obsedată de faptul că în spatele lui se aflau niște cuțite de bucătărie și, cum era furios, dacă le-ar fi observat, sunt sigură că nu ar fi ezitat să le folosească. Eram judecător atunci și locuiam într-un bloc al avocaților. Inițial am vrut să fiu discretă, dar spaima era așa mare că la un moment dat am început să țip și am fugit pe scara blocului desculță și îmbrăcată subțire în haine de casă. Așa am traversat și curtea interioară și am ajuns pe scara vecină. M-am oprit la ușa primului nume cunoscut, avocatul Minulescu. Mi-a deschis soția, o doamnă respectabilă, care s-a mirat când m-a văzut în ce hal eram. Mi-a dat un pulover și niște papuci de casă. După o vreme, am revenit în apartamentul meu însoțită de această doamnă și, în lipsa agresorului, m-am schimbat pentru a merge să o iau pe fiica mea de la grădiniță. A fost ultima oară când am intrat în acel apartament, până la executarea silită după divorț. Inutil să spun că am revenit într-o casă aproape goală, în care nu mai existau nici măcar jucăriile copilului.

Între timp, îl cunoscusem pe Victor printr-o prietenă comună, care m-a rugat să-i recomand un avocat de divorț. Era despărțit de soție și doreau să divorțeze repede. L-am întrebat de ce s-au despărțit și mi-a spus că își iubea soția „ca pe o rudă". Aceleași cuvinte mi le-a spus și mie, 19 ani mai târziu...

A devenit foarte prezent în viața mea și mi-am dat repede seama că îmi face curte. Deși eram vulnerabilă, ca urmare a situației prin care treceam, diferența de vârstă dintre noi, fiindcă Victor este mai tânăr decât mine, m-a făcut ca, inițial, să elimin posibilitatea vreunei relații între noi. De altfel, o relație cu un alt bărbat era ultima mea preocupare în acea perioadă. Și, cu toate acestea, a devenit atât de insistent și de prezent în viața mea, încât am acceptat prima mână întinsă pe fondul problemelor mele personale, care luaseră o întorsătură foarte urâtă. Eram dată afară din casă la începutul iernii, fără să-mi iau măcar îmbrăcămintea personală. Fetița o dusesem la părinții mei, undeva într-un sat din sudul țării. Fostul soț mă amenința și eram sigură că nu s-ar fi dat în lături de la nimic ca să-mi facă rău. Fiindcă eram judecător la acea vreme, a făcut tot felul de reclamații la Ministerul Justiției prin care încerca să demonstreze, în stilul securisto-comunist, care încă mai reverbera în mentalitatea românească, că nu sunt întreagă la minte și că nu sunt o persoană de încredere pentru sistemul judiciar, așa că „soluția logică ar fi fost să fiu dată afară".

Nu s-a întâmplat acest lucru, dar presiunea psihologică și umilințele prin care eram nevoită să trec m-au costat ani de zile de tulburări emoționale. Cert este că Victor a intrat în viața mea pe fondul acestor vulnerabilități. A părut un fel de Făt-Frumos care a venit pe „calul alb" să-și salveze „prințesa". Eram o femeie drăguță, inteligentă, cu o slujbă interesantă, într-o situație delicată. Victor s-a erijat în salvatorul meu și i-a plăcut această poziție. Ba mai mult, s-a ales deja cu o familie „de-a gata", fiindcă aveam și un copil. Nu am înțeles atunci, dar acum îmi dau seama că vulnerabilitățile mele l-au făcut să se simtă „bărbat", cel ales, cuceritorul. Era aproape un copil la cei 28 de ani, abia terminase Facultatea de Medicină din București. Avea însă o față blândă, frumoasă. Părea un om bun, un bărbat pasional, hotărât să nu piardă. M-am îndrăgostit de el.

Ne-am căsătorit imediat după divorțul meu, dar la scurt timp a plecat la Londra pentru un masterat, aproape un an de zile. Am mers și eu în acea vară vreo lună de zile, interval de timp în care am vizitat Parisul și nordul Angliei, Districtul Lacurilor, o zonă absolut spectaculoasă. Am ajuns apoi în Scoția și am vizitat Edinburgh. Era prima mea călătorie în străinătate, dar nu știam engleză și depindeam aproape complet de Victor în materie de comunicare.

Îmi amintesc că, într-o zi, Victor m-a trimis la un minimarket în apropierea zonei în care locuia cu chirie în Londra, aproape de Finsbury Park, să cumpăr câte ceva de mâncare. Pe drumul spre magazin, îmi imaginam că locuiam în Londra și mergeam să fac cumpărături pentru familia mea. Acea mică fantezie am eliberat-o în Univers. Bineînțeles că, la acel moment, părea imposibil să se întâmple așa ceva. Și totuși s-a întâmplat trei ani mai târziu, când m-am mutat cu toată famila mea la Londra și am locuit acolo aproape patru ani. Acel moment este unul dintre favoritele mele când vorbesc despre Legea atracției și efectele tehnicii – *letting go* – pe care am învățat-o prin Metoda Sedona®, despre care vorbesc în această carte.

Deşi mă căsătorisem cu Victor, nu eram încă vindecată de umbrele trecutului. O lungă perioadă am avut coşmaruri în fiecare noapte. Mi-aduc aminte că ultimul şi cel mai oribil a fost când eram la Paris în acea vară. Locuiam în apartamenul disponibil al unei românce care era plecată în vacanţă în România. Am visat că mă aflam la intrarea pe strada care ducea la casa părinţilor mei din satul în care mă născusem. Se făcea că tatăl meu fusese decapitat în urma unui accident. M-am apropiat de capul lui care era încă viu. Vedeam cum i se mişcau pleoapele. Corpul era la o oarecare distanţă. Aş fi vrut să-i cer iertare, dar m-am trezit sufocată de spaimă şi nu am mai apucat. Tatăl meu trăieşte şi am avut câteva tentative de a-i cere iertare faţă în faţă, dar au părut nelalocul lor de fiecare dată. Recent, am trimis un gând în Univers cu un mesaj de iertare în dublu sens, şi către el, şi către mine. Mi-am dat seama că tot bagajul emoţional pe care l-am cărat de-a lungul anilor în legătură cu copilăria mea nu a făcut decât să mă limiteze prin repetarea unor experienţe de viaţă care aveau o încărcătură emoţională asemănătoare. Mintea noastră este limitată şi repetă ceea ce ştie, chiar dacă este dureros. Aşa i-am atras pe soţii mei care, la un moment dat, s-au dovedit nepotriviţi sau nu au fost de încredere.

Pe de altă parte, nici tatăl meu nu ne-a făcut rău în mod conştient, fiindcă nu acesta era scopul lui. Alcoolul şi violenţa erau manifestări prin care el îşi gestiona propria durere şi, cu certitudine, se datorau unei stări adânci de inconștiență. Citeam recent undeva că noi, oamenii, nu ne distingem prin gradul mai mare sau mai mic de spiritualitate, ci prin gradul mai mare sau mai mic de conștiență. Iar inconștiența este ca o boală. Nu poți să te superi pe un om care are cancer, fiindcă are cancer, nu-i așa? Chiar dacă nici eu nu eram prea limpede atunci, visul despre moartea lui a semnificat cumva că ar trebui să mă rup de trecut, iertându-l pe tatăl meu sau iertându-mă pe mine pentru atâtea resentimente aduse în viața mea. Și care s-au manifestat, cel mai vizibil, la nivelul relațiilor eșuate cu cei doi soți ai mei.

O perioadă de oarecare refacere emoțională a fost cea în care am fost gravidă cu David și după nașterea lui, până la plecarea la Londra. Maternitatea mi-a priit, mai ales că David a fost un bebeluș minunat și foarte drăgălaș. Victor era încântat să participe la băița din fiecare seară, ne bucuram împreună de progresele și schimbările micuțului și cred că aceea a fost una dintre cele mai împlinite perioade din relația noastră, chiar dacă uneori rămâneam și fără bani de mâncare. Eu eram judecător și aveam un salariu egal cu prețul unei perechi de pantofi mai acătării, iar Victor era preparator la Universitatea de Medicină, întrucât nu a optat pentru o carieră în medicina clinică și avea, de asemenea, un salariu modest. Ulterior s-a specializat în statistică medicală, domeniu în care cred că lucrează și în prezent.

David era cel mai frumos bebeluș. Perfect alcătuit, cu ochii verzi albaștri, sănătos în primii doi ani de viață. Ne-a adus multă bucurie și ne-a animat viața de familie. Dincolo de drăgălășenia vârstei, avea o gentilețe aparte, care se făcea simțită imediat. Era sociabil, afectuos, vesel și prezenta toate premisele pentru a se dezvolta armonios și a trăi o viață pe măsură. Mai târziu, după întoarcerea din Anglia în România, în primii ani de școală generală, David vădea un talent actoricesc care te cucerea și, ca mai toți copiii, a cochetat cu mai multe hobby-uri, printre care cântatul la chitară, baschetul, înotul și, mai târziu, karate și trasul de fiare la sala de fitness.

Cum există un motiv pentru orice ne aduce viața, iar ceea ce ni se întâmplă se dovedește a fi nu împotriva noastră, ci pentru noi, cu siguranță trauma prematură în care viața l-a aruncat pe David va juca în folosul lui. Nu este job-ul meu să găsesc explicații și nici nu aș fi în stare. Job-ul meu este să fac ceea ce știu cel mai bine: să-i fiu alături cu toată dragostea și compasiunea de care sunt în stare. Îi simt și acum trupul firav zguduit de plâns, pe care l-am ținut recent îmbrățișat pe holurile unui spital, în timp ce-mi spunea ce mult îl doare să-i spună tatălui său că „nu vrea să-l vadă". Desigur, îl durea, fiindcă, în realitate, simțea invers ...

Ce mai știu despre primul meu soț? După întoarcerea noastră din Anglia, a încercat să se implice în viața Emei și s-a afirmat, mai ales, prin legătura cu profesorii și diriginții cînd Ema era la liceu. Ulterior, legătura lor a fost sporadică și dezamăgitoare pentru Ema, pe care tatăl ei a lăsat-o baltă când i-a cerut ajutorul în anumite împrejurări. Din câte am aflat de la Ema, tatăl ei, care nu s-a mai recăsătorit, s-a retras la țară și trăiește împreună cu mama lui într-un sat prin județul Buzău. În prezent, își mai trimit mesaje o dată sau de două ori pe an. Îi sunt recunoscătoare pentru minunata mea Ema!

Ce mai știu despre al doilea soț? Cum era de așteptat, s-a însurat cu fosta amantă imediat după rămânerea definitivă a hotărârii de divorț. La scurt timp, au plecat din țară și din acea țară în altă țară. Până atunci, s-a văzut cu David de câteva ori pe an. Cei doi nu comunică în niciun fel. Când i-am spus că David este deprimat, m-a sfătuit să-l duc la psiholog. Abia după 5 ani de la despărțirea noastră, i-a vizitat pe părinții mei să le spună că îi pare rău pentru ce a făcut. În toamna aceluiași an m-a anunțat că i se naște un copil în câteva zile. Are perioade când sună insistent și, din când în când, mai ales de sărbători, trimite mesaje de genul: „vă iubesc" sau „cu drag și dor." Îi sunt recunoscătoare că a intermediat lecția mea de viață către libertate!

Viața fără soț

După plecarea lui Victor, eram absolut disperată să găsesc ceva care să-mi aline suferința. Durea groaznic, slăbisem, plângeam într-una, nu puteam dormi, îmi doream să mor, dar până și împlinirea acestei dorințe nu părea o treabă așa de simplă.

Căutam pe internet să aflu câte ceva despre *midlife crisis*, cât durează, cum se manifestă? Erau multe povești asemănătoare cu a mea, cu descrierea schimbării bruște și radicale de personalitate a partenerului. Veștile nu erau însă bune. Sfatul general era să ai grijă de tine și de copii, întrucât nu puteai face nimic pentru partenerul supus unei astfel de tulburări.

În vara anului 2008, am hotărât să plec cu copiii în vacanță în Rodos, chiar de ziua mea, pe 17 iulie. Victor plecase deja de acasă și pretindea că va merge undeva în Spania, în interes de serviciu, dar mai mult ca sigur își savura libertatea cu noua lui parteneră, despre care nu știam încă.

Mi-a trimis un mesaj cu urări de „la mulți ani" în care îmi dorea și „să-mi dea Dumnezeu puterea de a-l ierta". Deși mesajul era explicit, nu l-am înțeles atunci. Credeam că s-a separat de noi ca să se liniștească. Aveam multă compasiune față de el și nu înțelegeam pentru ce să-l iert. Nu știam că mă înlocuise deja și că avea motivele lui să-și ceară iertare. Târziu am realizat cât de greu mi-a fost să-l dau jos de pe soclul pe care îl așezasem și să accept că era, ca orice om, supus deșertăciunilor lumești. Mi-a fost greu să mă iert și pe mine pentru această eroare, întrucât eu am fost cea care a proiectat o imagine convenabilă asupra lui și ar fi trebuit să-mi asum responsabilitatea pentru dezamăgirea pe care mi-am adus-o singură.

Vacanța din Rodos a fost foarte grea pentru noi, în configurația restrânsă a familiei. Am făcut fiecare crize de nervi, am plâns, ne-am certat, dar am încercat și să ne adunăm puterile și să apreciem locurile frumoase pe care le vizitam sau mâncarea bună din restaurantele grecești. Mă simțeam vinovată față de starea copiilor, după cum și ei încercau să mă protejeze, nu suportau să mă vadă suferind. Slăbisem îngrozitor, fața mea exprima suferința adâncă pe care o trăiam, păream chinuită, îmbătrânită, în pragul plânsului în orice moment. Revăd acum niște fotografii din acea perioadă și îmi amintesc, cu detașare, ce grele momente au fost atunci pentru mine și copii! Știu însă că și acea experiență se înscria în procesul irevocabil de vindecare, iar acum o privesc cu recunoștință, cu prețuire.

Acolo am început să citesc Metoda Sedona® și să urmez exercițiile de eliberare indicate în carte. Mi se părea foarte greu, fiindcă trebuia să scot la suprafață, să conștientizez și să mă eliberez de amintiri însoțite de emoții aferente, extrem de dureroase. Simțeam că Metoda mă ajuta să mă liniștesc, dar erau foarte multe straturi depozitate și orice răscolire a bagajului traumatic mă arunca în agonie.

Deși citisem cartea și foloseam tehnica, așa cum puteam, chiar dacă mă simțeam mai bine, aparentul progres în starea mea emoțională nu era de durată. De pildă, a fost suficient să aflu despre fostul meu soț că are pe altcineva, ca să fiu aruncată din nou în brațele deznădejdii. Eram destul de ignorantă atunci și urmam cu înverșunare niște ritualuri religioase care erau menite să înlăture așa-numitele «farmece» și să-l readucă la noi pe soțul meu. Unele dintre cunoștințele sau prietenele mele găseau că nu există o altă explicație pentru comportamentul soțului meu decât farmecele. În cultura noastră, a românilor, credința în acest fenomen este destul de răspândită, iar, pentru mine, tot ceea ce se întâmpla părea de domeniul paranormalului. Mi se părea, așadar, că numai intervenția unor forțe malefice ar fi putut să-l facă pe dragul meu soț să se transforme, peste noapte, dintr-un om blând și iubitor, într-un personaj rece, agresiv, mincinos și indiferent la suferința celor care îi fuseseră familie până mai deunăzi. Scriam bilețele cu dorințele mele – acatiste – și le lăsam la biserică. Ba chiar plătisem pe cineva ca, în eventualitatea în care nu puteam să ajung, să-mi depună rugăciunea scrisă.

La un moment dat, am început să simt că nu contează dacă se întoarce sau nu, important era ca eu să-mi găsesc liniștea. Din când în când, Victor mai venea să-l viziteze, chipurile, pe David. Întâlnirile erau greu de suportat. Nu puteam să-l văd alfel decât ca pe familia mea, ca pe soțul și tatăl fiului meu. Se așeza stânjenit pe un colț de scaun și întreba politicos ce pahar să folosească pentru a bea niștea apă. Inutil să spun că fiecare lucrușor din casă fusese luat, cu dragoste, împreună. Chiar dacă aparent nu era agresiv, simțeam că mă respinge și că aparținea altcuiva sau cel puțin așa voia el să creadă. În fond, nimic nu ne aparține și noi nu aparținem nimănui. Îmi spunea că prietena lui îl ajută „să evolueze spiritual" și, în inocența lui, chiar credea acest lucru. Dincolo de lipsa lui de delicatețe care mă rănea încă, ceea ce spunea era destul de ridicol pentru mine, fiindcă nu aveam prea mare apreciere pentru o femeie care se amestecase în viața unui bărbat însurat și care îl încuraja să-și părăsească familia pentru a se căsători cu ea. Ulterior, mi s-a spus că femeia era membră a unei secte destul de discutabile, MISA, iar Victor, prin tulburările lui hormonale și, implicit, de personalitate, părea candidatul perfect al manipulării. În orice caz, buimăceala lui și privirea searbădă nu-mi sugerau un om fericit, împlinit, iar acum știu că oricum nu e cazul, sursa fericirii fiind de natură internă, și nu externă, fie ea și amanta devenită nevastă. În plus, pe lângă acest dialog artificial cu mine, el nu reușea să stabilească un contact sincer cu David, iar copilul a început să refuze să se mai vadă cu el.

Un progres galopant în eliberarea de emoții l-am realizat după ce am început să folosesc înregistrările lui

Hale Dwoskin, pe care mi le-am comandat din Sedona. Ascultam aproape nonstop, la birou, în mașină, acasă și, după multe luni de insomnie cruntă, am început să dorm bine și să-mi redobândesc echilibrul fizic la început, apoi pe cel emoțional. În paralel, făceam multă mișcare, mergeam la sală, alergam în parc, citeam tot mai multe cărți de spiritualitate sau «dezvoltare personală». Încet-încet, am început să apreciez posibilitatea ca, după atâta amar de ani dedicați celorlalți, să mă ocup de mine, chiar dacă această posibilitate fusese creată de un eveniment nefericit. Parcă, pentru prima oară, vedeam natura, strada, oamenii. Parcă, pentru prima oară, auzeam ciripitul păsărelelor, ropotul ploii, lătratul câinilor în depărtare. Parcă, pentru prima oară, am încetat să mă „biciuiesc" și am început să mă iubesc.

În octombrie 2008, am plecat la Buenos Aires cu partenerul meu de business. Pretextul a fost Congresul Anual al Baroului Internațional al Avocaților. În realitate, a fost eliberarea de multe dintre limitele trecutului. În primul rând, cele financiare. Nu mi-am refuzat practic nimic. Am călătorit first class, am stat la hotelul Hilton, am mâncat în restaurante de lux. Mi-a plăcut mult Buenos Aires cu particularitățile lui, contrastul dintre opulență și sărăcie, tangoul argentinian, cartierul Caminito, delta pe râul Tigre. Mă surprindeam, din când în când, prin mallurile din Buenos Aires, când intram în magazinele de bărbați și aș fi vrut să cumpăr cadouri. Realizam atunci că nu mai am soț, că nu am pentru cine să cumpăr, dar, în loc să mă victimizez, am început să accept. Acestea au fost printre puținele momentele care m-au tulburat, dar le-am conștientizat și nu m-am luptat cu emoțiile stârnite, le-am lăsat să treacă. În rest, acea călătorie s-a înscris în programul meu de refacere, care a fost de durată.

În fine, după întoarcerea din Buenos Aires, l-am revăzut pe Victor după multe luni de la despărțire și după ce aflasem că era cu o altă femeie. A venit să-l vadă pe David, însoțit de sora lui, care este și nașa de botez a fiului nostru. Au venit pe neașteptate. Am observat că mă studia mirat. Eram, în mod cert, mult mai tonică decât atunci când se grăbea la amantă și mă abandonase în stradă, ca pe o străină. Sora lui, cu care nici eu, nici David nu am mai avut vreo legătură de atunci, mi-a mai aruncat peste umăr niște reproșuri pe care, probabil, nu apucase să mi le spună de-a lungul anilor. Nu m-am supărat și nici n-am judecat-o. În fond, era fratele ei și nu mă așteptam la o altă reacție, chiar dacă ar fi fost de dorit.

Primul Crăciun de după despărțire a fost straniu. Am împodobit bradul, ca de obicei, pentru că David avea doar 13 ani și nu aș fi vrut să schimb radical obiceiurile casei de sărbători, chiar dacă nu aveam niciun chef. Cu toate acestea, nu ne-am simțit în largul nostru și, până în urmă cu trei ani, nu am mai sărbătorit deloc Crăciunul sau am plecat de acasă la rude sau în alte locuri.

Primul revelion din 2008-2009 am încercat să-l facem la o cafenea nou-deschisă în Piața Amzei, dar nu am rămas decât 5 minute după orele 12,00 noaptea. Am fi vrut, dar nu ne potriveam cu veselia din jur, fiindcă nouă ne venea să jelim. David era trist, aproape plângea, iar eu chiar am plâns când m-a sunat prietena mea peruancă din Londra să-mi spună „Happy New Year!". Pentru mine nu era *happy... yet.*

Acum sărbătorile au devenit pentru mine zile ca oricare altele. Iar dacă împodobesc casa și bradul, cumpăr cadouri și gătesc bunătăți, o fac dintr-un alt loc. După cum nici nu mai aștept concediul ca în trecut, fiindcă mă simt ca în concediu în fiecare zi. Când îi aud pe unii și pe alții că abia așteaptă să plece în vacanță „ca să-și încarce bateriile", zâmbesc în sinea mea, fiindcă eu mă simt cu bateriile încărcate tot timpul.

La începutul anului 2009, a venit din senin propunerea de a fi numită secretar de stat la Ministerul Justiției. Îl știam din vedere pe ministrul justiției, Cătălin Predoiu, care este avocat ca și mine. Deși nu eram angajată politic, ministrul, ca și premierul de atunci, căutau o persoană care, pe lângă pregătirea profesională, să aibă experiență în relația cu Parlamentul, întrucât urmau să fie dezbătute proiectele de legi privind noile coduri. Chiar dacă primul mandat ca secretar de stat îl avusesem într-o altă guvernare, am părut persoana potrivită la locul potrivit și am fost numită imediat în acea poziție.

În acest nou mandat de secretar de stat m-am simțit altfel decât prima oară. Eram mai experimentată, desigur, cunoșteam o parte din echipă, dar eram și debarasată de emoții, urmare și a folosirii intensive a Metodei Sedona®. Mi-am intrat în rol imediat și mă simțeam în Parlament ca peștele în apă. A fost una dintre experiențele profesionale cele mai intense și frumoase din viața mea.

Aveam o stare aproape permanentă de recunoștință pentru darurile pe care le primeam de la viață în experiența mea profesională și nu au fost puține în acea perioadă. În primul rând, participarea la dezbaterea poiectelor de lege privind Codurile civil și de procedură civilă alături de autorii lor, personalități remarcabile ale vieții juridice românești, a fost ca o sărbătoare a minții, o paradă a raționamentelor și argumentelor juridice, unele geniale, pe care și-ar fi dorit-o orice jurist. Eu reprezentam Guvernul și a trebuit să-mi exersez abilitățile de a ține echilibrul între interesul salvării textelor de lege, așa cum fuseseră concepute de autorii lor, și interesul politicienilor de a-și impune unele dintre amendamentele lor, unele utile, altele de-a dreptul caraghioase.

Dezbaterea din comisia juridică avea loc în sala Titulescu din clădirea Parlamentului, care devenise un fel de al doilea loc de muncă pentru mine. Dezbaterile s-au întins pe câteva luni, iar eu trebuia să fie prezentă tot timpul alături de autorii proiectelor de coduri și echipa Ministerului Justiției. Elocința și cunoștințele fiecărui autor impresionau parlamentarii participanți la dezbateri, chiar dacă uneori se purtau discuții aprinse pe un articol sau altul. Au pledat pentru susţinerea textelor unii dintre profesorii străluciţi ai Facultăţii de Drept, printre care Mihai Lucian, Valeriu Stoica, Flavius Baias, Marian Nicolae, Romeo Popescu, Marieta Avram la civil, Viorel Mihai Ciobanu la procedură civilă. L-am cunoscut atunci mai bine şi pe profesorul Nicolae Turcu de la Consiliul Legislativ, care a participat zilnic la dezbateri şi ne-a fost de mare ajutor, fiind realmente o enciclopedie juridică umblătoare. Fuma mult şi avea o stare de sănătate precară, dar nu a lipsit niciodată de la dezbateri şi savuram dezbaterile aprinse în care se arunca nu numai cu pasiune, dar şi cu multe citate în latină.

Am exprimat punctul de vedere al Ministerului Justiţiei sau Guvernului în plenul camerelor Parlamentului sau în comisiile juridice sau de specialitate în numeroase proiecte de lege sau iniţiative legislative, am participat la conferinţe, colocvii, dezbateri publice, am avut întâlniri cu ambasadori, membri ai Parlamentelor şi diferiţi alţi oficiali din alte ţări, am coordonat activitatea de elaborare a actelor normative şi am reprezentat Ministerul Justiţiei în multe acţiuni ale guvernului, inclusiv pentru implementarea proiectelor cerute de FMI sau Comisia Europeană. Deşi activitatea a fost destul de intensă şi diversă, totul s-a derulat cât se poate de armonios în acea perioadă. De câte ori mă aflam pe holurile impresionante ale clădirii Parlamentului simţeam o stare profundă de pace interioară şi de recunoştinţă. Întrucât nu eram angajată politic, mi-era indiferent din ce formațiune politică făceau parte parlamentarii, nu judecam pe nimeni și alimentam o relație civilizată cu cei care rezonau la aceasta. Pe mulți îi știam din mandatul anterior și mi-a fost destul de ușor să mă integrez în această activitate.

Apoi, s-a întâmplat ca ministrul să nu poată participa la întîlnirea miniștrilor de justiție din 2010, care în acel an a fost organizată în nordul Norvegiei, la Tromso și am fost desemnată eu să-l înlocuiesc. Cum era luna mai, am avut bucuria să trăiesc magia nopților albe. A fost o experiență incredibilă! Stăteam la masa dreptunghiulară între ministrul de justiție din Rusia și cel din Portugalia și eram bucuroasă că reprezint țara mea acolo, că mă aflam printre acei oameni care aveau, neîndoielnic, o putere de decizie mare în țările lor. Tema întâlnirii viza „violența în familie", iar eu știam la propriu ce înseamnă, fiindcă violența psihologică este, cel puțin, la fel de gravă precum cea fizică. Întâlnirea a fost admirabil de bine organizată de ministrul justiției din Norvegia. Pe lângă dezbaterile interesante, am fost duși pe munte pentru a admira fiordurile, la miezul nopții, când soarele lumina plăcut ca la apus, am avut parte de un barbeque pe malul unui fiord și chiar am plecat la pescuit, unii dintre noi, la miezul nopții. Ministra justiției din Bulgaria se străduia să pescuiască și glumeam cu secretarul de stat din Germania spunând că am aflat, în fine, pe unde erau „pești mari ai corupției" din România și Bulgaria.

Am condus și echipa de la Ministerele Justiției și de Externe la o Conferință împotriva corupției organizată de ONU în Doha, Qatar. M-am simțit ca o prințesă când am fost însoțită de un „prinț arab" la tribună pentru a vorbi în numele guvernului meu în fața a peste 2.000 de oameni, printre care procurori generali, miniștri sau șefi de agenții anticorupție din întreaga lume. Am realizat, de fiecare dată când am avut rol reprezentativ, că nu a fost întâmplătoare alegerea mea într-o astfel de funcție. Cariera mea de avocat și judecător mă pregătise pentru vorbitul în public, stăpânirea de sine, elocința discursului, impresia asupra auditoriului. Eram potrivită pentru un astfel de rol care mi-a fost oferit, în mod repetat, fără a-l cere cuiva. Pur și simplu, așa a fost scris.

În Doha a fost și o întâmplare foarte nostimă. Lângă echipa României se aflau cei din Coreea, conduși de un fel de șef anticorupție. Omul era absolut îngrozit, fiindcă discursurile erau în engleză și, cum nu știa limba, își nota literă cu literă în coreeană cum se pronunța în engleză. Cei care îl însoțeau erau terorizați, la rândul lor, și simțeam un fel de disciplină „comunistă" în echipa vecină. L-am încurajat pe șeful coreean cum am putut, cu zâmbete, semne, mesaje traduse de consilierii lui, iar după discurs, deși nu am înțeles niciun cuvânt din ce rostise la tribună, i-am strâns mâna și l-am felicitat. A doua zi, când veneam de la sala de fitness, am văzut pe cineva de la recepție cu un coș uriaș de flori foarte frumoase. S-a oprit în fața camerei mele și mi-a spus că i s-a indicat să lase coșul cu flori acolo. L-am refuzat, gândind că trebuie să fie o eroare, fiindcă nu știam pe nimeni în Doha. Am aflat ulterior că florile erau de la amicul meu coreean. Din păcate, nu am mai recuperat coșul cu flori și nici nu e de mirare, fiindcă era, realmente, spectaculos.

În perioada celor două mandate ca secretar de stat, fiind, în principal, învestită să coordonez relația cu parlamentul, am apreciat farmecul aparte pe care îl are viața parlamentară, indiferent de ce s-ar spune. Dezbaterile din plen sau comisii sunt ca niște minispectacole de teatru cu oratori mai mult sau mai puțin dotați, cu mesaje populiste sau electorale, unele chiar pline de umor sau inteligență, altele ipocrite sau complet exagerate, dacă nu agresive. În realitate, parlamentarii sunt niște oameni ca oricare alții, mai mult sau mai puțin educați, mai mult sau mai puțin inteligenți, mai mult sau mai puțin onești. Acești oameni cunosc bine jocul și limbajul politic și, chiar dacă își aruncă vorbe grele sau săgeți otrăvite la tribună, pe posturile de televiziune sau în întruniri publice, îndată ce încetează aceste funcțiuni sau roluri, rămân colegi, unii sunt chiar buni prieteni. Dincolo de menirea mea în acel rol de utilitate publică, mărturisesc că m-am și amuzat de întregul spectacol, mai ales că, nefiind implicată politic, nu aveam niciun parti pris.

Învățasem de la Hale Dwoskin, la unul dintre seminariile din Sedona, că cea mai bună armă a unui vorbitor în public este să-şi iubească auditoriul. Practicam în mod conştient acum această tehnică, nu că înainte nu mi-aş fi iubit auditoriul, dar iubirea era obnubilată de frica de a nu mă face de râs când vorbeam în public. Acum mă eliberam, practic, de emoţiile care năvăleau de câte ori mă pregăteam să iau cuvântul. Nu de puţine ori, secretarii de stat sunt atacaţi sau criticaţi de parlamentarii opoziţiei, iar uneori chiar de cei ai partidului de guvernământ, ei fiind reprezentanţii Guvernului în Parlament de la care există tot felul de aşteptări. Mi s-a întâmplat şi mie să întâmpin diverse comportamente şi reacţii, mai ales că în acel loc al puterii egourile se hrănesc unele pe altele şi cresc exponenţial, dar nu am luat nimic personal şi am continuat să mă bucur de experienţele pe care mi le aducea viaţa.

Echipa cu care lucram era formată din tineri profesionişti, unii dintre ei foarte dedicaţi carierei şi, din fericire, detaşaţi de influenţele politice, chiar dacă aveau, în mod firesc, anumite simpatii. Ei au exerciţiul rotării partidelor politice la conducere şi rămân neutri, indiferent de culoarea politică a partidului de guvernământ. Fiecare ministru vine nu doar cu particularităţile sale de personalitate, dar şi cu echipa sa, iar profesioniştii din minister trebuie să se adapteze, de fiecare dată, unui alt stil de lucru sau personalităţii mai mult sau mai puţin abuzive a ministrului. Pentru că sunt, din păcate, şi miniştri abuzivi. Cei care se identifică cu funcţia, chiar dacă efemeră. Ştiu că sub mandatul anumitor miniştri au fost aduşi foarte mulţi în minister, după cum s-a întâmplat și în alte ministere sau instituții publice, așa că nu e de mirare că aparatul administrativ era și încă este supradimensionat, în pofida reducerilor de personal din ultimii ani. Nu reușeam să înțeleg ce fac sute de angajați în minister, întrucât eu, ca și ministrul și ceilalți secretari de stat, lucram direct doar cu câțiva și pe unii dintre ei i-am regăsit chiar din primul mandat. Printre aceștia și secretara mea, o ființă minunată, care mi-a purtat de grijă ca unui copil în toată acea perioadă. Într-o astfel de funcție publică, știi că pleci de acasă, dar nu știi ce te așteaptă peste zi, și uneori ziua de muncă poate fi de 16 ore. Așa că Universul a avut grijă să-mi scoată în cale această persoană care avea grijă să mă hidratez, să mă hrănesc și, în general, să fiu sigură că toate documentele pe care le semnam ajungeau la locul lor. Între noi s-a legat o prietenie foarte strânsă, care se menține și în ziua de astăzi și cred că, dacă acesta ar fi singurul motiv pentru care am ajuns în acel minister, ar fi de ajuns.

Acestea nu au fost însă singurele schimbări care au apărut în viața mea. Imediat după plecarea soțului meu, am simțit că tot ceea ce crezusem până atunci nu avea niciun sens. Că ideea de familie fusese serios zdruncinată nu e de mirare față de cele întâmplate, dar mi-am pierdut brusc interesul și pentru ceea ce contase enorm pentru mine: profesia mea. În primă fază, am crezut că această apatie se datora traumei psihologice prin care treceam, dar cu timpul am simțit aproape organic refuzul de a mă mai supune efortului nebunesc în care muncisem până atunci. Aşa am învăţat, pe de o parte, să-mi ascult corpul şi să-mi respect limitele fizice. Pe de altă parte, au dispărut presiunea timpului, teama de eşec, nevoia de *feedback* pozitiv. Acum, când scriu aceste cuvinte, realizez că astfel de concepte au rămas goale de conţinut emoţional, fiindcă nu-mi mai stârnesc emoţiile care le umpleau cândva, până la refuz.

„Tot ce presupune efort nu e natural" spune Hale Dwoskin şi mă bucur că am învăţat şi eu acest lucru, chiar dacă pe cale grea.

Aceasta nu însemnă că m-am închis în casă şi zac pe canapea. Dimpotrivă. Nu numai că nu mi-am încetat activitatea, dar chiar am diversificat-o. Continui să fac avocatură într-o casă de avocatură pe care am ridicat-o cu dragoste şi în care cultiv grija faţă de colaboratori ca şi când ar fi membrii familiei mele.

Între timp, am devenit şi formator al avocaţilor stagiari, de care sunt, pur şi simplu, îndrăgostită. Transferul de entuziasm şi prospeţime de la tinerii avocaţi către mine şi de maturitate profesională şi expertiză de la mine către ei creează o energie extraordinară la tutorialele pe care le ţin. În plus, în mod neaşteptat, am scris şi am coordonat primul comentariu la articolele noului Cod civil, publicat imediat după intrarea în vigoare a Codului civil şi am început o colaborare cu o editură pentru coordonare de carte juridică. Iar toate acestea se întâmplă acum dintr-un alt loc decât al efortului: cel al simplităţii.

Schimbările nu s-au oprit însă aici. În ultimii șase-șapte ani, am constatat că s-au produs mutații semnificative și în sfera relațiilor cu ceilalți. Aș putea spune că a fost ca un fel de curățire. Unele dintre relațiile mele de prietenie, care păreau de nezdruncinat, au încetat din motive aparent bizare. Cred însă că își epuizaseră menirea. De pildă, una dintre prietenele mele de ani de zile, care fusese și educatoarea Emei, s-a supărat pe mine fiindcă fiul ei a fost condamnat. Nu eram avocata fiului ei și chiar nu mai aveam informații despre mersul procesului despre care mi se povestise, la un moment dat. Îmi aminteam că fusese achitat într-una dintre fazele procesuale. Mi-a reproșat că sistemul judiciar este nedrept și, cum și eu făceam parte din acel sistem, „eram vinovată"! Nu am ripostat. Nu am simțit nicio tulburare interioară. Era o relație consumată. Nu am mai vorbit niciodată după aceea.

Pe un alt prieten îl cunoscusem în primul meu mandat de secretar de stat, când a fost șoferul meu. M-a lăsat să înțeleg că a avut o viață grea, că a fost orfan de mamă și că, în general, are dificultăți materiale. Cu timpul, împreună cu familia lui, deveniseră practic parte din familia mea. Vorbeam frecvent, ne petreceam sărbătorile și multe dintre weekend-uri împreună, ba chiar ne-au însoțit și în vacanța din Portugalia, când s-a întâmplat incidentul cu Victor descris în această carte. Întrucât nu era căsătorit cu partenera lui, i-am bătut la cap să se căsătorească și chiar i-am cununat, iar, în scurt timp, le-am botezat fetița. De-a lungul anilor, i-am ajutat financiar cât am putut, tratându-i, realmente, ca pe familia mea.

Când Victor și-a anunțat intenția de plecare, am avut un vag sentiment că se bucurau de necazul meu. Oricum, nu au catadicsit nici măcar să poarte o discuție prietenească cu Victor în care să-l sfătuiască să mai reflecteze. Cert este că, ulterior, în al doilea mandat de secretar de stat, amicul meu, care lucra atunci la o altă direcție în cadrul ministerului, s-a înființat să-și preia postul de șofer, fără să fie invitat. Din acel moment, a început să exercite un soi de presiune asupra mea care mă făcea să simt un disconfort nelămurit. Ba avea nevoie de bani că se operează nevasta, ba nu avea bani să ia lapte copilului, ba nu-i ajungeau banii să-și pună aer condiționat, ba îi trebuiau bani să plece în vacanță și tot așa. Într-o noapte m-a sunat, destul de târziu, să-și manifeste vehement dezaprobarea pentru că premierul Boc anunțase că nu se dau nu știu ce prime de concediu!!! Evident, nu aveam cu ce să-l ajut în privința hotărârilor premierului, dar, de câte ori am putut să-l ajut financiar, am făcut-o cu toată dragostea, și nu cu titlu de împrumut. Cert e că, printr-un joc al împrejurărilor, am aflat că amicul meu era bănuit de niște acțiuni dubioase din punct de vedere legal și că, de fapt, nu eram singura persoană pe care o manipula pentru a-și îmbunătăți veniturile. Ne-am despărțit, după ce am avut o discuție „bărbătească." S-a mutat în străinătate cu întreaga familie, după ce s-a pensionat, chipurile, „pe caz de boală", la 35 de ani. Firește, nu avea nicio boală, doar o pensie rezonabilă de la stat și o garsonieră de serviciu. Dar cine sunt eu să judec? Cert e că relația cu acest om și familia lui, pe care am considerat-o cândva și familia mea, a încetat.

Și exemplele ar putea continua, ca o ilustrare a faptului că, în aceeași perioadă cu schimbările produse în familia mea, s-au produs mutații și în cercul persoanelor cu care îmi petrecem timpul și pe care le consideram foarte apropiate.

Dacă unele dintre relațiile vechi au încetat, altele s-au consolidat, iar altele noi și-au făcut loc în viața mea. Pe lângă părinții și rudele mele care au suferit pentru pierderea lui Victor fiindcă l-au iubit, încă îl iubesc și le lipsește, au fost și alți prieteni care au suferit pentru despărțirea noastră. Un ajutor neprețuit a venit din partea unei distinse doamne, judecător de carieră, care, pe lângă a fi o prietenă devotată, a fost ca o mamă pentru mine și ca o bunică pentru David în toată această perioadă. O altă prietenă veche de care nu mai știam nimic de mulți ani, fiindcă s-a mutat în Corsica, a reapărut în viața mea pentru a mă încuraja să fac publică această poveste, mai ales că, între timp, ea însăși a publicat trei volume în franceză despre elementele comune de cultură, limbă și spiritualitate dintre satul corsican și cel românesc și continuă să publice.

Ceva s-a schimbat însă în ultimii ani în interacțiunea mea cu oamenii. Acest lucru se datorează poate faptului că nu mai am așteptări de la ceilalți și nici nu vreau să le mai demonstrez ceva, ca în trecut. Pe unii oameni nici nu i-am întrebat cum îi cheamă, dar îi iubesc din toată ființa mea, pe alții îi iubesc fără să-i cunosc. Mă uit la oameni ca la propriile mele fațete, ca și când m-aș reflecta în mii de oglinzi.

Chiar dacă, de când mă știu, am avut o înclinație naturală în a-i ajuta pe alții și a-i trata în mod egal, înclinație care mi-a facilitat și exercițiul profesiei de o parte sau de alta a barei, în calitate de judecător sau de avocat, recunosc că aveam încă destule prejudecăți cu privire la oameni.

Locuiesc pe o stradă micuță situată într-o zonă cu multe biserici, unde se adună, de regulă, pe lângă credincioși, și mulți cerșetori. Mi-o amintesc pe Cristina, care s-a prăpadit în urmă cu câțiva ani. Avea înfățișare de băiețoi, o privire șuie și de multe ori era drogată, murdară și mirosea a pipi. Mai în glumă, mai în serios, spunea că ar fi fost bine să fie ea fiica mea. Când îi spuneam „te iubesc", mă privea ciudat. Expresia nu-i spunea nimic. Viața ei mizerabilă nu cunoștea, cel puțin la suprafață, iubirea. Dormea pe unde apuca, era foarte bolnavă și se droga de ani de zile. Înainte de a muri, am sesizat cum se diminua flacăra vieții în corpul ei. Avea dureri mari și își dorea să moară. A fost găsită moartă pe stradă.

La scurt timp, și-a făcut apariția altă Cristina. Își spune „șefa boschetarilor", întrucât trăiește de la 10-12 ani printre ei. Are trei copii internați în cămine speciale și este măritată cu Sasu, căruia îi spune „nevastă-mea". Sasu are sida, TBC și, după cum spune Cristina, „e certat cu apa". Îmi spune „mama" și nu doar mie, dar mi se pare un privilegiu. Ne spunem des „te iubesc" și simt acest lucru din toată inima. Plânge când plec din țară, mă ia în brațe și își manifestă bucuria când mă întorc. Este foarte veselă, cântă cât poate cu căștile în urechi, înjură din toți rărunchii dacă cineva o calcă pe nervi și devine agresivă dacă simte că dau atenție altcuiva și i se încalcă teritoriul. Nu vreau să o schimb și mă bucur de această ființă cu care am una dintre cele mai autentice interacțiuni umane. Zilele trecute ne-am făcut fotografii în zăpadă și ne-am distrat pe cinste.

Cea mai importantă schimbare însă s-a produs în relația cu mine. Dacă înainte căutam compania altora, mă plictiseam când eram singură, iar, după plecarea lui Victor, o lungă perioadă, nu știam ce să fac cu timpul meu liber, acum aș putea spune că cel mai bine mă simt în compania mea. Iubesc să fiu singură. Mă simt minunat să fac ce fac sau să nu fac nimic. Îmi place să călătoresc singură, să mă plimb, să alerg în parc. Nu mă mai plictisesc. Iar în ultimul timp, am descoperit că cea mai interesantă carte de citit, de investigat, sunt eu însămi. „Cine sunt eu?" este întrebarea la care reflectez frecvent.

Continui, desigur, să am *likes* sau *dislikes* în raport de comportamentul altora și chiar să exprim acest lucru, fără reacții de ordin intern care să mă urmărească, într-un sens sau altul, ca pe vremuri. Îmi amintesc, de pildă, că atunci când aveam o discuție mai aprinsă sau în contradictoriu cu cineva, senzația de a avea ultimul cuvânt în acea discuție sau de a mi se da dreptate mă urmărea mult timp. Ba chiar, în mod absolut caraghios, mintea venea cu argumente suplimentare, chiar dacă acea discuție era sfârșită. Sunt pe deplin conștientă chiar că, dacă ceva nu-mi place la o persoană, eu însămi dețin acel ceva ce nu-mi place. Pentru că, de fapt, în adâncul sens al adevărului, alții nu există.

Dezavuez, de pildă, promovarea vulgului la emisiunile de pe posturile de televiziune, iar, în ultimul timp acest lucru se întâmplă, din păcate, excesiv, cu efecte incalculabile pentru modelele de viață oferite copiilor noștri. Nu mai urmăresc de mult dezbateri politice și nu sunt de acord cu manipularea publică. Nu-mi place predilecția românilor către victimizare, exprimarea repetată a nemulțumirii la adresa țării noastre sau încurajarea plecării din țară, ca și când aici nu avem șansa să ne manifestăm la adevăratul nostru potențial. Nici vorbă de așa ceva! România este o țară superbă ca un colț de rai, dăruită cu frumuseți și bogății naturale, dar și cu un popor talentat, inteligent, harnic. Ar fi de preferat să ne uităm mai des, dacă nu întotdeauna, la partea plină a paharului. Pentru că altfel, dacă noi ne disprețuim, de ce ne-ar admira alții?

Metoda Sedona®

Spre sfârşitul anului 2007, înainte ca Victor să-şi facă simţite intenţiile de plecare din familia noastră, fiica mea Ema a venit într-o zi cu o carte împrumutată de la o prietenă, „Secretul", scrisă de Rhonda Byrne. Am citit-o pe nerăsuflate, apoi am făcut rost şi de film. Am rezonat profund cu foarte multe dintre pilulele de înţelepciune cuprinse în această carte şi am convingerea că atunci a avut loc un fel de „shift" în conştiinţa mea. Am aflat că un impact asemănător a avut şi asupra altora.

Explicaţiile din „Secretul" sunt bazate pe legea atracţiei şi au ridicat cumva o perdea de pe ochii mei. Pe de o parte, mi s-a părut că văd mai limpede de ce mi s-au întâmplat anumite lucruri de-a lungul vieţii, iar, pe de altă parte, credeam că am înţeles cum pot să atrag ceea ce-mi doream în viaţa mea. Ca mai toată lumea, şi eu credeam că banii sunt cei care pot rezolva, dacă nu toate, măcar cea mai mare parte a problemelor, aşa că dorinţa mea atunci era să câştig mulţi bani, ca o soluţie la toate problemele mele. Începusem să scriu nişte mesaje legate de cât de mult îmi doream să câştig şi chiar să stabilesc o limită de timp. Evident că nu s-a întâmplat niciuna dintre aceste năzbâtii din capul meu, iar veniturile mele nici nu au crescut, nici nu au scăzut spectaculos. Au fost însă întotdeauna suficiente pentru nevoile din acel moment. Acum știu că banii sunt un concept care generează o anumită energie și, în relația cu ei, simt amuzament, recunoștință, bucuria de a-i cheltui și de a-i dărui. În niciun caz, nu mă mai îngrijorez că nu am suficienți și nu îmi doresc să fac mulți bani, așa cum îmi doream, pentru că ei au venit și continuă să vină de acolo de unde vin, exact câți trebuie pentru împlinirea nevoilor mele.

Am înțeles cu timpul că, dincolo de șubrezirea unui sistem de gândire după care îmi trăiam viața sau ceea ce credeam eu că e viața mea, rostul apariției acestei cărți în experiența mea a fost să aflu despre Hale Dwoskin, cel de la care am învățat Metoda Sedona® și care a fost un fel de guru în perioada foarte dureroasă care a urmat despărțirii de soțul meu.

Nici acum nu-mi explic de ce am ales numele lui Hale Dwoskin dintre cei care erau intervievați în „Secretul". Am intrat apoi pe site-ul oficial al Metodei Sedona® și m-am abonat la newsletters. Primeam din când în când câte un e-mail, dar nu înțelegeam despre ce e vorba. Mi se părea că e o reclamă americană la vreun produs de-al lor de amăgit lumea. Habar nu aveam atunci că în Arizona există un orășel de o frumusețe uimitoare numit Sedona, pe care l-am vizitat de două ori în ultimii ani.

La începutul anului 2008, când eu și Victor hotărâserăm să ne împrospătăm relația, a insistat să-mi iau viză pentru America. Avea un congres la care se înscrisese și ar fi vrut să-l însoțesc. Îmi amintesc și acum câtă rezistență am avut la îndeplinirea formalităților de obținere a vizei. Am stat la o coadă de câteva ore în așteptarea interviului, fotografia nu a fost bună și a trebuit să fac alta în care nu trebuia să zâmbesc, aveam o stare proastă, nu mă interesa nici viza, nici plecarea în America.

Viza mi-a fost acordată, fără probleme, pentru o perioadă de 10 ani și, de atunci, am folosit-o de trei ori, ultima oară în martie-aprilie 2012 când am fost în Kona Kailua Hawaii și Los Angeles. Nu l-am însoțit însă pe Victor în călătoria pentru care obținusem viza. Mă anunțase că ne vom despărți și nu am văzut rostul unei deplasări în care să ne simțim mizerabil. În schimb, am hotărât să plec, în același interval de timp, în Cambridge UK, pentru un curs de limba engleză numit „Fluency in English". Era organizat pentru genul de persoane ca mine, care nu mai aveau chef să învețe ca la școală, ci într-un mediu în care puteau practica engleza vorbită, socializând în același timp. Stăteam într-un Bed & Breakfast lângă un parc și mă întâlneam cu tutorii mei în holul unui hotel. Acolo, fie conversam, fie plecam să vizităm alte locuri. Mi-a plăcut mult acea săptămână petrecută în Cambridge și sunt sigură că a fost menită să-mi „încarce bateriile" pentru ce urma, întrucât, imediat după ce m-am întors în țară, Victor m-a anunțat că a hotărât să se mute de acasă. În orice caz, acolo am simțit că se instala o liniște profundă în interiorul meu și, deși nu uitasem de problemele relației mele conjugale, parcă nu mai erau așa de importante. Aveam sentimentul că se vor rezolva, că sunt pasagere. Victor era în America și îmi trimitea mesaje drăguțe, dar spunea, de fiecare dată, că nu reușește să mă prindă pe mobil. Nimic nu anunța decizia lui, dar cred că, înainte de a mă întoarce eu în țară, avusese deja întâlnirea „decisivă" cu femeia cu care mă înșela.

Într-o seară, când ploua torențial în Cambridge, m-am refugiat într-o librărie unde puteai să stai și să citești și am observat pe raftul de *self-help* o carte a cărei copertă o știam din e-mailurile primite de la Hale Dwoskin, *The Sedona Method® - Your Key to Lasting Happiness, Success, Peace and Emotional Well-being.* Am cumpărat-o imediat. Nu știam atunci cât de folositoare urma să-mi fie în câteva luni.

Așa cum spuneam, Universul inteligent și cooperant mi-a întins o mână de ajutor când aveam atâta nevoie. Așa am descoperit tehnica de eliberare emoțională numită Metoda Sedona®. Este o tehnică prin care reînveți să-ți accesezi abilitatea naturală de a te elibera de gândurile și emoțiile nedorite sau de bagajul emoțional, stocat de-al lungul anilor, care te împiedică să-ți trăiești viața la întregul său potențial. Deși ne naștem cu această abilitate, familia, școala, societatea „ne dezvață de ea" și, în loc să ne eliberăm imediat și în mod conștient de ceea ce nu ne place, fie suprimăm, mutându-ne atenția în altă parte prin diverse metode, cum ar fi alcoolul, televizorul, cititul etc., fie ne exprimăm emoțiile inconștient, prin plâns, țipete, vorbit și așa mai departe. Pe măsura practicării tehnicilor de eliberare, ajungi la cunoașterea adevărului despre Ființa ta nelimitată sau, cel puțin, la un management al minții care-ți permite să trăiești într-o stare permanentă de bine, indiferent de situațiile de viață cu care te confrunți.

Tehnicile de *letting go* sau *releasing*, expresii care sunt pline de conotații în engleză și pot fi traduse prin „a lăsa să plece" sau „a da voie" ori „a te elibera", în funcție de context, au fost descoperite de Lester Levenson, un antreprenor american bogat care, deși cunoscuse succesul material, la 42 de ani era nefericit și foarte bolnav. În fapt, în anul 1952, i se mai dăduseră doar câteva luni de viață. Lester a căutat însă în el răspunsurile pe care nu le aflase în studiile și realizările anterioare. Și ceea ce a aflat Lester se poate rezuma la adevărul simplu că, în realitate, noi suntem ființe nelimitate, iar toate limitele pe care credem că le avem vin din mintea noastră. După această revelație, Lester a mai trăit până în anul 1994.

Hale Dwoskin a fost discipolul lui Lester, dacă se poate spune așa, fiindcă Lester nu a dorit să fie gurul nimănui. Hale a continuat munca lui Lester, a scris cartea *The Sedona Method® - Your Key to Lasting Happiness, Success, Peace and Emotional Well-being* și a alcătuit programe de învățare a tehnicilor metodei de care beneficiază sute de mii de oameni în întreaga lume.

În anul 2009, prin luna mai, am aflat de pe site-ul Metodei Sedona® că Hale Dwoskin vine în Olanda, undeva pe lângă Doorn, pentru un seminar de weekend. Imediat am cumpărat bilete pentru mine și fiica mea. A fost o călătorie foarte amuzantă. Ne-am oprit o seară în Amsterdam și urma să plecăm a doua zi spre Doorn cu trenul. Eu m-am bazat pe Ema, dar ea a fost mai aiurită ca mine și ne-am urcat într-un tren greșit, așa că am coborât într-o gară oarecare și am luat un taxi. Din fericire, am ajuns la timp, înainte de începerea cursului. Nu știam atunci că în Olanda este o comunitate destul de mare de practicanți ai Metodei Sedona®, iar unii dintre ei sunt, la rândul lor, *coaches*. Acum am multe cunoștințe printre ei, fiindcă ne-am întâlnit și la alte cursuri în Europa sau chiar în Sedona, Arizona.

Am stat într-un loc foarte frumos, numit Zonheuvel Conference Centre în Doorn, unde existau și spații de cazare în regim de motel. Centrul avea niște grădini spectaculoase, pline de arbori și de rododendroni înfloriți. Din păcate, a plouat aproape tot timpul, dar ploaia nu mi-a umbrit bucuria de a mă afla în acel loc.

Stăteam în sală înainte de începerea seminarului și, când i-am auzit vocea lui Hale în microfon, mi-au dat lacrimile. Era vocea care îmi răsunase în urechi luni de zile și care, practic, mă scosese din iadul minții mele, mă ajutase să depășesc o traumă emoțională devastatoare. Nu mi-a venit să-mi cred ochilor când l-am văzut. Hale este un om micuț, cu o față veselă, cu ochi blânzi și pătrunzători și cu un râs inconfundabil. Hale se distrează tot timpul, râde foarte mult, din orice, pare că nu ia nimic în serios și imprimă audienței o anumită stare, chiar dacă în procesul de *releasing* se ridică la suprafață valuri, valuri de emoții îngropate, nu foarte plăcute. Hale este dovada vie a eficienței Metodei Sedona®. Au fost trei zile minunate de „eliberare" și învățare a tehnicilor metodei.

Ema înțelegea instinctiv cum funcționează tehnica, deși nu era atât de informată ca mine. Seminarul a fost și un prilej de a petrece ceva timp împreună, ceea ce ne-a apropiat mai mult în sensul unei prietenii între fete, mai degrabă decât o relație mamă - fiică, în înțelesul tradițional. Îmi amintesc că, într-o seară, am mers pe jos până la primul orășel vecin și ne-am întors complet ude, fiindcă a plouat tot timpul. A trebuit să ne aruncăm cizmele la gunoi, întrucât deveniseră irecuperabile. Cu toate acestea, ne-am simțit bine împreună, am râs, am trăncănit și ne-am împărtășit gândurile.

Desfășurarea seminarului a fost asemănătoare cu cea folosită și în seminariile ulterioare la care am participat în Sedona. Am remarcat, de fiecare dată, energia grupului, faptul că efectele „eliberării de emoții" se multiplică atunci când sunt mai mulți. De aceea, o vreme, am fost atrasă de aceste seminarii. Apoi, să fii în preajma lui Hale, este un adevărat dar al vieții. El este un exemplu viu că metoda face miracole. O stare de bine, grație și imperturbabilitate emană din acest omuleț vesel, care a schimbat viețile atâtor persoane de pe glob.

În Doorn am simțit cum se dizolvau multe dintre limitele mele emoționale, cum ieșeau la suprafață dureri de care nici nu știam. Deblocarea energiei apăsătoare care-mi stătea ca o gheară în plexul solar o simțeam realmente fizic. Parcă mi se lua „o piatră de pe inimă". Pe măsură ce ghemotoacele care-mi otrăveau viața plecau, apărea spațiul, o stare de pace interioară și bucurie de a trăi se ridicau la suprafață și ocupau acel loc dureros până mai ieri. Am început să devin mult mai împăcată cu ce se întâmplase, deși speram în continuare ca soțul meu să se trezească și să se întoarcă la noi. Mă eliberasem de egoul meu – propria durere, dar nu mă eliberasem de nevoia de a fi cu el. Eram dispusă să-i înțeleg „rătăcirea", indiscreția. Mi se părea mai important ca David să crească într-o familie cu ambii părinți, chiar dacă unul nu era cea mai fericită sursă de inspirație, cel puțin atunci. Credeam că nimic nu este ireparabil. Cu timpul, m-am lămurit că acestea erau justificările „nobile" ale propriului meu ego, care era dispus să facă orice compromis pentru a-și alimenta drama.

La sfârșitul anului 2009 – începutul lui 2010 am hotărât să merg în Sedona Arizona pentru un curs Metoda Sedona® cu Hale Dwoskin. Îmi doream mult să ajung în acel loc și a fost un drum greu, de aproape 24 de ore, cu ceva peripeții. Era prima mea călătorie în America. Deși îmi organizasem totul cu atenție, aveam emoții în fața necunoscutului, iar pentru aceste emoții nu practicasem tehnica de eliberare. Mi se părea că este destinată lucrurilor cu adevărat grave. În realitate, poate fi utilizată pentru orice emoție.

N-aș vrea să dau vina pe sentimentele mele, dar, deși îmi aranjasem călătoria cât mă pricepusem de bine, avionul a întârziat câteva ore în Amsterdam, la prima escală, pentru verificarea bagajelor unui pasager, așa că am pierdut legătura din San Francisco către Phoenix. Îmi amintesc că eram foarte obosită și nu știam ce să fac mai departe, de unde să iau avionul către Phoenix, așa că umblam disperată, cu tot cu bagaje, pe holurile aeroportului din San Francisco. La un moment dat, a apărut un omuleț în vârstă, îmbrăcat în uniformă, motiv pentru care am tras concluzia că lucrează în acel aeroport și l-am acostat. Devenisem aproape isterică și reproșam companiei aeriene că nu a făcut aranjamentele necesare pentru legătura internă, că de la ghișeele American Airlines am fost respinsă și că nu știu ce pot face în acele împrejurări. Eram așa de nervoasă că am început să-i spun omului că astfel de lucruri nu se întâmplă nici în România, așa că sunt „sunt foarte dezamăgită de America lui" și chiar mă mir că i se spune „țara tuturor posibilităților!". Omul m-a condus prin aeroportul uriaș, pe scări, cu lifturi, prin culoare pe care nu cred că le-aș fi găsit vreodată, până la ghișeul corespunzător, unde am primit cartea de îmbarcare pentru Phoenix. Îmi amintesc, când stăteam în coada pentru *check in*, că personajul m-a privit parcă să se asigure că sunt bine, apoi a dispărut ca și când s-ar fi evaporat ca o nălucă...

Am ajuns la miezul nopții în Phoenix, unde îmi rezervasem o cameră la hotel, și în dimineața zilei următoare am plecat spre Sedona cu o limuzină americană condusă de un texan cu inele multe și pălărie cu boruri, ochelari de soare și chef de vorbă. Mi-a plăcut drumul și am admirat cactușii uriași pe zeci, dacă nu sute de kilometri. Am aflat de la șoferul meu că fiecare braț al unui cactus avea cam 50 de ani, deci aproximativ vârsta mea la acea dată.

Sedona a fost dragoste la prima vedere. Văzusem niște imagini pe internet, dar nu realizezi frumusețea acelei zone dintr-un segment izolat într-o fotografie. Adevărul e că locul este atât de spectaculos încât parcă nu poți primi atâta splendoare dintr-odată. Te copleșește.

Am stat într-un motel, la aproximativ 20 de minute de mers pe jos de Sedona Creativ Centre, unde urma să aibă loc *retreat*-ul. Văzusem de multe ori pe internet imaginea acelui loc și primul drum pe care l-am făcut a fost acolo. Am plâns de emoție când m-am văzut în fața intrării și am revenit, la fel de emoționată, în ciuda *releasing*-ului, un an mai târziu.

Retreat-ul a fost ca o operație pe viu, în care îmi erau scoase din adâncul măruntaielor toate depozitele de furie, durere, frustrare pe care despărțirea nedorită de soțul meu le generase și care nu se disipaseră complet încă. Poate și alte emoții îngropate din trecutul meu. Practic, orice exercițiu de *releasing* realizat cu oricare dintre participanți opera și asupra mea. Am înțeles atunci că bagajul nostru emoțional se manifestă asemănător în împrejurări similare, de aceea este posibil să se stabilească niște reguli pentru a determina mintea la eliberarea de emoțiile nedorite. În fond, mintea poate fi antrenată ca și corpul și, deși este un instrument foarte util din perspectivă practică, devine un factor perturbator din perspectivă spirituală. Ceea ce mi s-a părut genial la această metodă, „simplă ca și respiratul", cum ar spune Hale, este că învață mintea cum să scape de minte.

Realitatea este că toată suferința și mizeria pe care le trăim în viețile noastre sunt exclusiv creația propriilor minți. Nimic nu ar fi bun sau rău dacă nu am atașa aceste concepte la ceea ce se întâmplă. Fiecare dintre sentimentele noastre are propria poveste, care trăiește atâta timp cât mintea o alimentează. De aceea, tehnicile metodei ajută mintea să observe, să accepte și, în final, să tacă. Să nu mai vrea nimic. Pentru că, în realitate, noi nu controlăm nimic în viețile noastre, oricât de greu ne-ar fi să acceptăm acest lucru. Lucrurile ni se întâmplă, pur și simplu, și viața se trăiește singură, fără intervenția minților noastre limitate, ignorante.

Sursa suferinței și mizeriei emoționale în care trăim este, de fapt, rezistența noastră la cursul vieții. Vrem să controlăm acest curs, să ne așezăm împotriva curentului, să păstrăm numai lucrurile care ne plac, conform minții noastre limitate, să oprim timpul în loc atunci când ne convine, să nu ne confruntăm cu necunoscutul, să ne protejăm impresia bună despre noi sau să depunem eforturi considerabile pentru a deveni speciali, pentru a fi „cineva". Metoda ajută la eliminarea acestor emoții și a energiei aflate la rădăcina lor, exprimată de verbul „a vrea". A vrea control, a vrea aprobare, a vrea securitate fizică, a vrea separare de alții, a vrea uniune. Niciodată nu părem a fi de ajuns. Iar aceste „vreri" sunt fundamentate pe iluzia dualității creată de mintea nostră.

Ceea ce face ca metoda să fie efectivă este naturalețea ei, faptul că tehnicile de eliminare nu se bazează pe suprimarea emoțiilor, cum am fost învățați, ci pe acceptarea lor, pe conștientizarea lor, pe scoaterea lor, în mod conștient, la lumină. Metoda propune, pur și simplu, întoarcerea la naturalețea primilor ani de viață. De aceea, oricine rezonează cu simplitatea tehnicilor metodei, întrucât ne sunt cunoscute, ne-am născut cu ele. Dar, fiindcă „nu e frumos să-ți arăți slăbiciunile", cu timpul le uităm și devenim maeștrii suprimării și purtătorii unor povești de viață izvorâte din teamă. Teama de a nu pierde ceva ce ni s-a împlinit sau teama de a nu ni se împlini ceva ce ne dorim. Iar dorința și teama, între care pendulăm, sunt fațetele aceleași monede.

La seminarul din Sedona, în fața unor povești de viață mult mai dramatice, suferința mea părea aproape ridicolă. Erau persoane foarte bolnave, cu forme de cancer sau depresii severe. Îmi amintesc că cineva își stabilise un termen limită înainte de a se sinucide. Am revăzut acea persoană și știu că azi e bine mersi. Una dintre participante descoperise că soțul ei, cu care avea copii, era homosexual. Alta povestea cum soțul ei abuziv s-a sinucis în fața ei și multe altele. De aceea, nu am îndrăznit niciodată să merg pe postamentul din fața sălii și să *let go* povestea mea asistată de Hale. Simțeam însă calupurile emoționale care plecau din corpul meu în timp ce lucra cu alții. Povestea nu mai părea atât de dureroasă și pauzele dintre gândurile care îmi zburau către fostul meu soț deveneau din ce în ce mai lungi. În orice caz, i-am admirat pe cei din grup care aveau curajul să-și descrie poveștile și ne ajutau pe toți să ne eliberăm odată cu ei, chiar dacă, pentru a te elibera, nu este necesar să-ți spui povestea. M-am împrietenit cu câțiva dintre participanți și, spre fericirea mea, am întâlnit chiar un cuplu foarte drăguț de români, care locuia în America și cu care am petrecut momente foarte frumoase.

Între timp, am vizitat canyoanele și locurile renumite pentru așa-numitele «vortexuri» și îmi propusesem chiar să fac un tur de helicopter deasupra Marelui Canion înainte de a pleca. Sedona este un orășel mic, cu un rafinament aparte, în care spectaculozitatea munților roșii, care-ți taie literalmente respirația, se împletește cu micile galerii de artă, boutiquri elegante și restaurante pe toate gusturile.

Acolo am petrecut și trecerea dintre anii 2009 și 2010, cu totul diferit de revelioanele noastre zgomotoase, pline de fast, alcool și voie bună mai mult sau mai puțin artificială. După ce ne-am văzut cu Hale, am făcut un *releasing* colectiv al anului care tocmai se termina și ne-am propus să fim deschiși la ce ne aducea noul an, am mers la un restaurant chinezesc cu câteva dintre fete. Era eclipsă de lună în acea seară, vizibilă și spectaculoasă. Eram de peste tot, din America, China, Canada, Danemarca. Îmi amintesc că ne-am urat fiecare în limba lui. A fost un moment impresionant fiindcă, chiar dacă nu înțelegeam limba vorbitorului, receptam totuși emoția mesajului.

Au urmat și alte cursuri în care am exersat Metoda Sedona®, din care încă unul cu Hale Dwoskin în Sedona, în 2011 și mai multe în Europa, în Haga și Neuchatel cu alți instructori ai metodei. Întrucât eram fascinată de efectele produse asupra mea, mi-am propus să îi învăț și eu pe alții și, cu acest scop, am urmat și cursuri de *coaching*.

Ulterior, am avut însă niște rezerve în a-i învăța pe alții cum să folosească metoda. Cumva mi s-a părut că nu e treaba mea să schimb lumea. Treaba mea era să mă schimb pe mine. Ceea ce s-a și întâmplat, fiindcă procesul de marginalizare a minții mele și de accesare a conștiinței a continuat de la sine. Întrucât, odată învățată, tehnica lucrează de la sine, pot spune că, într-un fel, este integrată în viața mea în prezent și operează la fel de natural ca și respiratul, cum spunea Hale.

Am lucrat totuși cu câteva persoane, în criză sau nevoie acută de *releasing* și am organizat, de câteva ori, niște grupuri de suport. De asemenea, am tradus în limba română cartea lui Hale Dwoskin - *The Sedona Method*®- *Your Key to Lasting Happiness, Success, Peace and Emotional Well-being*. De fapt, s-a tradus singură, așa mi s-a părut. În orice caz, eram atunci în faza de entuziasm, când credeam că o astfel de tehnică ar trebui predată copiilor la școală.

La unul dintre aceste *retreats* l-am cunoscut pe Norbert, un bărbat în vârstă de aproximativ 60 de ani din Elveția. Era terapeut și căutase toată viața cea mai adecvată metodă de accesat fericirea. Când a aflat despre Metoda Sedona® a exclamat: *that's it!* Norbert are inocența și entuziasmul unui copil și nu s-a dat în lături să călătorească până în Sedona la cursul din martie 2011, unde ne-am revăzut, chiar dacă a suferit un transplant de inimă și călătoriile lungi sunt destul de dificile pentru el. A tradus și el cartea lui Hale în franceză și îmi spunea că a avut același sentiment ca și mine: că s-a tradus singură.

Periodic, Norbert invită instructori ai Metodei Sedona® și organizează cursuri de weekend în minunatul Neuchatel din Elveția. Am participat la unul dintre ele în noiembrie 2011 și a fost foarte distractiv, mai ales că instructorul era un actor de pantomimă din New York, care își folosește și talentul actoricesc pentru a exprima cât de caraghioasă și limitată este mintea noastră.

Coincidență sau nu, am cunoscut-o abia atunci și pe prietena mea Natalia, care participase și la cursul din martie din Sedona. Auzisem că este o rusoaică în grup, dar nu am cunoscut-o atunci. Născută în Rusia-Kazahstan, Natalia emigrase cu mulți ani în urmă în America. Se mutase recent din Arkansas în Portland Oregon. Natalia avea tot felul de temeri în legătură cu viitorul ei într-un oraş nou, sentimente nerezolvate legate de mariajul care tocmai se încheiase, veniturile, slujba, iar o vreme a fost partenera mea de *releasing*. Ne vedeam pe Skype de câte ori puteam și ne eliberam de emoțiile ce apăreau atunci în cursul discuției.

În acea perioadă, am aflat că se ținea, în martie 2012, un retreat în Kona Kailua Hawaii, condus de Karyn, psihoterapeut și instructor Sedona pe care o știam și care îmi plăcea foarte mult. M-am înscris imediat și am făcut toate aranjamentele. O ademeneam și pe Natalia să vină, dar ea spunea că, deși și-ar dori foarte mult, nu-și permite, are cheltuieli mari din cauza mutatului, încă doarme pe o saltea și tot felul de alte argumente. „Banii sunt doar energie", îi spuneam, „și o să vină de acolo de unde vin banii, dacă te eliberezi (*let go*) de aceste constrângeri mentale...". Și am făcut ceva *releasing* pe această temă. Până într-o zi, când Natalia m-a anunțat glorioasă: „vin în Hawaii!"

Natalia este un exemplu de ce minuni poate face eliberarea noastră de grijile materiale, în raport de banii pe care îi avem. Pentru că realitatea este că întotdeauna avem cât ne trebuie, doar că noi considerăm că nu sunt de ajuns. Imediat după ce a reușit să *let go*, prietena mea Nat a realizat că nici măcar nu-i trebuiau prea mulți bani ca să vină în Hawaii. Eu închiriasem deja un bungalow suficient de mare și o invitasem să stea cu mine, iar biletul de avion și-l putea procura cu nu știu ce puncte avea la o companie aeriană cu care zbura frecvent.

Am ajuns în Kona după o călătorie de 30 de ore cu peripeții și am stat cu Natalia și cu ceilalți membri ai grupului într-un resort superb pe malul oceanului Pacific. Kona este un orășel nu prea mare, dar foarte pitoresc, plin de exotism, cu magazine, cafenele, restaurante și oameni fericiți. Toată lumea zâmbește și te salută.

Retreatul a fost organizat prin practicarea tehnicilor de eliberare specifice Metodei Sedona®, în locuri de o frumusețe copleșitoare și cu integrarea unor alte activități pe care oceanul sau natura generoasă ni le puneau la dispoziție din plin și gratis. Eu nu știu să înot și, cu toate acestea, am înotat cu delfinii. Am fost atât de fascinată de perfecțiunea acestor ființe, încât am uitat pur și simplu că nu știu să înot. Veneau din multe părți și se organizau în V-uri perfecte precum stolurile de păsări sau rupeau rândurile și se jucau în jurul nostru făcând spirale și tumbe, aproape atingându-ne picioarele. Am înțeles că delfinii nu dorm niciodată și, în această iluzie a formelor, mi s-a părut că erau cea mai frumoasă imagine a conștiinței pure.

Am fost fascinată de ritualul comandantului ambarcațiunii, hawaian autentic, care a cerut voie ființelor din ocean să ne permită prezența în spațiul lor și a trimis spre ocean în patru zări sunete de prietenie suflând într-un instrument din lemn, ca un flaut. Spre bucuria noastră, am fost însoțiți o vreme și de o familie de balene care s-a apropiat neobișnuit de mult de barca noastră. Am înțeles că balenele se retrăgeau spre Antarctica după ce puii crescuseră suficient pentru o astfel de călătorie.

Nataliei îi plăcea să gătească și a avut grijă de mine în toată această perioadă. A fost și sursa continuă de amuzament în grup. Nu au fost puține momentele când îmbrățișa tam-nesam oamenii de pe stradă. Apoi, erau peste tot afișe cu date de contact pentru masaje, iar, din cauza unor dureri de spate, Natalia avea nevoie de masaj. Numai că în Hawaii ritmul vieții e diferit, așa că fie nu-i răspundea nimeni, fie masseurul nu era disponibil decât, eventual, după plecarea ei din Kona. A avut nevoie de mult *releasing* pe această temă, spre amuzamentul grupului.

Am făcut snorkeling și am înotat noaptea cu pisicile de mare care erau atrase într-un loc prin turnarea unor containere cu hrană. Apoi erau urmărite de turiști în lumina unor proiectoare uriașe amplasate în adâncuri de scafandri experimentați. Îmi amintesc că era noapte și eram toți prinși de o frânghie purtând măști de snorkeling. Natalia era, din nou, foarte amuzantă, reclamând nu știu ce defecțiuni la costumul ei. Am râs așa de tare că mi s-a umplut masca cu apă și am avut dificultăți să o golesc mai ales că, după ce reușeam din când în când să evacuez apa, nu mă puteam opri din râs.

Și distracția a continuat. Am vizitat parcul în care se află vulcanul activ Kilauea, jungla, plaje pline de broaște țestoase și am asistat la spectacole de *hula hula* dans și muzică hawaiană. Într-adevăr, expresia „raiul pe pământ" este exactă.

Cu excepția zilelor când Karyn aranjase să plecăm devreme în altă parte, mă trezeam cu bucurie pentru joggingul de dimineață pe malul oceanului. Și acum, când scriu, aud zgomotul valurilor și văd copacii exotici plini de flori sau cu rădăcini spectaculoase, palmierii eleganți, cocotierii împodobiți cu nuci de cocos și zâmbetul celor pe lângă care treceam și care mă salutau ca și când eram buni prieteni. Și, în cel mai adânc sens al lucrurilor, chiar eram.

Iar printre aceste activități erau organizate episoade de practicare a tehnicilor Metodei Sedona®. Mă simțeam destul de ușoară și conectată la prezentul spectaculos, încât, printre membrii grupului, cred că aveam cea mai redusă nevoie de a exersa. Eram acolo ca să mă bucur de frumusețea nesfârșită a locurilor și de oameni cu același gen de preocupări. Dacă mai plecau și niște straturi de emoții ascunse, cu atât mai bine!

De altfel, din momentul învățării tehnicilor Metodei Sedona®, devii și un fel de observator al fluctuațiilor tale emoționale. Pentru că, de fapt, secretul eliberării de trăirile, emoțiile, sentimentele care nu ne plac stă tocmai în acceptarea lor, observarea lor neutră, fără judecăți de valoare și plasarea în „cutiuțele minții". Hale are o vorbă:

what you resist persists! – ceea ce respingi (te opui, rezişti) persistă. Rezistenţa la emoţia care nu-ţi place nu face decât să hrănească acea emoţie, s-o augmenteze. În fond, aşa cum am învăţat şi din propria experienţă, nu e nimic personal în oricare dintre emoţiile noastre. Sunt doar nişte energii ce se cer trăite. Orice tendinţă de suprimare a lor nu face decât să le prelungească viaţa. De aceea, emoţiile noastre trebuie acceptate, primite, îmbrăţişate, ca nişte copii şi atunci ele se disipează de la sine. Cuvântul utillizat frecvent în practicile Metodei Sedona® este *welcome*, deci primeşte-ţi frumos emoţiile, ca pe nişte musafiri dragi!

Sfârșitul vrajei

În prima acțiune de divorț, introdusă de soțul meu prin 2009, nu spunea decât că vrea să divorțeze. Nu se schimbase legea atunci în România și, în cazul divorțului cu copii minori, dacă celălalt soț nu era de acord, trebuia să motivezi de ce nu mai e posibilă conviețuirea. Soțul meu nu prea avea ce spune, fiincă realitatea era că el „călcase strâmb" și nu se putea prevala, strict legal, de propria culpă. Nu-mi mai amintesc cum am reușit să-l conving, dar acea acțiune a rămas în nelucrare și a fost suspendată.

Continuam să sper că o să-și revină și am avut o discuție sinceră cu el în care i-am povestit ceea ce trăisem eu și copiii până atunci, i-am spus că înțeleg momentul lui de rătăcire și l-am rugat să reflecteze dacă nu e cazul să se dedice lui David, pe care să-l considere prioritatea lui. I-am sugerat că ar fi timpul să-și rezolve problemele cu acea femeie și să se întoarcă acasă, pentru a ne crește fiul împreună.

Nici nu cred că a auzit ce i-am spus. M-a sunat după câteva zile și mi-a spus că, după cele întâmplate, nu se mai vede conviețuind cu mine. Firește, că doar conviețuia cu altcineva! Nicio vorbă despre David sau responsabilitățile lui paterne.

A urmat a doua acțiune de divorț, făcută pare-se de un avocat, cu o oarecare motivare, în care Victor invoca „lipsa de comunicare", „răceala relației" și mai ales „blocajele lui emoționale", care, chipurile, l-au împiedicat sa-mi spună ce are pe suflet. Cât de stupidă este mintea umană și pe ce căi întortocheate îi impinge pe oameni? Nu era nimic de natura menționată, ci doar o relație extraconjugală din care nu a mai vrut sau nu a mai putut sa iasă. Sunt sigură că avea frământări generate poate de criza vârstei de mijloc, frustrări mai vechi sau chiar nevoi nerezolvate din copilărie. Poate că era *in pain*, cum se spune. Ar fi fost de dorit însă să discute cu mine și să nu-și „rezolve" problemele în altă parte. Sau pur și simplu să *let go*. Nu a avut însă de ales, reacționând pe măsura nivelului lui de conștiință de atunci, cum ar spune Eckhart Tolle. Așa că este scuzat!

Numai că exemplul lui confirmă, fără dubiu, că nu și-a rezolvat aceste frământări, ci doar și-a recreat aceleași probleme sau și le-a complicat pe cele existente. Nu mă îndoiesc că Victor a fost îndrăgostit de mine și că-l iubea pe David. După cum știu că s-a simțit bine în familia noastră o lungă perioadă de timp. Habar n-am când a început să nu se mai simtă bine și să creadă că nu mai iubea ceea ce iubise. Atunci când nu reușești să te eliberezi de această schimbare a stării de spirit și, în jurul disconfortului emoțional, lași mintea să-ți brodeze o întreagă poveste care să te plaseze pe poziție de victimă sau să-ți justifice acțiunile, practic te lași înghițit, ca într-un vortex, de energia joasă atrasă de aceste gânduri. Și acționezi în consecință, ca să scapi de propria-ți suferință. Soluțiile ți le găsește, desigur, tot mintea cea limitată. Iar pentru bărbații de peste 40 de ani, cel puțin statistic, soluția cea mai frecventă este o altă femeie. Nu neapărat mai tânără, sau mai frumoasă sau mai inteligentă decât nevasta. Important e să fie alta, să fie nouă, fiindcă noutatea stârnește interesul sexual și „revalidează" bărbatul rătăcit în frământări „existențialo-hormonale". Odată găsită înlocuitoarea, bărbatul parcă vede roșu în fața ochilor și se grăbește să se „elibereze" de nevasta învechită și neinteresantă și „să-și refacă viața" alături de „prospătura" incitantă. Nu mai contează copiii, responsabilitățile, morala, reputația, consecințele emoționale și chiar patrimoniale ale unei astfel de decizii în viața unei familii. Toți ceilalți trebuie să se ajusteze la hotărârea pe care mintea, ajutată de hormonii individului, i-o dictează! Și cât se poate de repede! În timp ce scriu aceste rânduri, îmi vine în minte un titlu dintr-un articol de ziar, citit on-line în această dimineață de 30 ianuarie 2014: „Pentru iubire e nevoie de doi, pentru despărțire doar de unul..." spune Valerie Trierweiler, partenera președintelui Franței, François Hollande. Se întâmplă, iată, și la „case mai mari", pentru că, practic, modelul comportamental este relativ asemănător.

Chiar dacă așa era scris să se întâmple, mi-ar fi plăcut ca Victor să aibă o atitudine mai sinceră, mai bărbătească, dacă tot nu a putut să se abțină. Aceasta ar fi „salvat" relația noastră de părinți ai lui David, dacă soți nu mai puteam fi. Sau de prieteni, sau de oameni care s-au cunoscut cândva. Între noi nu a rămas nimic însă. El și-a urmat „programul", previzibil, de altfel, iar când, mult prea târziu și în limita actualelor lui constrângeri, a încercat să reia legătura cu noi, nu am mai rezonat cu încercările lui.

În realitate, nici până în ziua de azi Victor nu și-a asumat responsabilitatea pentru faptele lui. Și în cele mai recente discuții a încercat să se justifice plasând „vinovăția" pe umerii mei și pretinzând că simțea nu știu ce „energii negative" venind dinspre mine. Mai în glumă, mai în serios, nici măcar „drept de apărare" nu am avut în fața unei astfel de atitudini.

În orice caz, abuzul și violența psihică la care sunt expuși partenerii sau copiii unor astfel de persoane lasă urme foarte adânci în viața celor care se consideră abandonați, fiindcă nu toți transcend aceste traume, spre o altă dimensiune a conștiinței. Iar, în opinia mea de jurist, cred că ar trebui sancționate, cel puțin la fel ca abuzul și violența fizică, deși, în aceste ultime cazuri, șansele de vindecare sunt mai mari și vindecarea intervine, de cele mai multe ori, mult mai repede. Poate că, astfel, am avea parte de o lume mai responsabilă!

Întrucât fostul meu soț menționase în a doua cerere de divorț că este de acord să-mi lase casa, pentru care nu aveam nicio soluție de partaj și sincer nici nu doream atunci, după atâta muncă, să îl „înzestrez" pentru altă femeie, m-am gândit că ar fi bine să accept divorțul. Realizam că Victor era împins de la spate de amanta sa care, văzând că nu cedez, îi spunea, cel mai probabil, „lasă-i tot și scapă de ea!" Totuși aș fi vrut să mai trag de timp, în speranța că se va trezi într-o bună zi.

Pe la jumătatea intervalului în timpul primului *retreat* în Sedona, l-am cunoscut pe Daniel, care a fost partenerul meu de *releasing* într-unul dintre exerciții. Îmi amintesc și acum că era un *releasing* holistic despre ce înseamnă bine sau rău pentru partenerii *releasing*-ului. Daniel pretindea că e foarte răcit și tușea destul de urât. Îl auzisem tușind de multe ori, mai ales în timpul sedințelor de *releasing* colectiv, când relaxarea devine mai profundă și nu-ți place să te deranjeze ceva.

Ne-am mai văzut după aceea de câteva ori și am convenit ca în ultima zi după curs să vizităm vortexul de la Mesa Airoport Sedona și un grup de stânci numite „the Cathedral". Daniel era un barbat cam de vârsta mea, cu ochii verzi, chelios, micuț de statură, dar plin de șarm. Locuia în Miami, unde preda NLP și engleza pentru vorbitorii de limbă spaniolă, dar era născut în Venezuela din mamă franțuzoaică și tată ungur. Lucrase în multe țări din America Latină și avea o experiență de viață bogată. Ca și mine, interesul pentru spiritualitate apăruse în urma divorțului de prima soție de care, se pare, fusese foarte îndrăgostit și care îl înșelase cu cel mai bun prieten. Era singur în perioada în care ne-am cunoscut, chiar dacă, între timp mai avusese câteva relații. Nu avea copii și, cu excepția surorilor sale, nu-l lega nimic în mod particular de un anumit loc în această lume. Chiar spunea, în glumă, că este cetățean al acestei lumi.

Ne-am plimbat în acea după-amiază și îmi amintesc că, în timp ce admiram Valea Sedonei de pe Mesa Airport, Daniel spunea că trebuie să ne considerăm binecuvântați dacă ne aflăm în acel loc și putem să ne bucurăm de frumusețea incredibilă a locurilor. Am vorbit mult, parcă ne știam de când lumea, iar seara am luat cina într-un restaurant, apoi ne-am luat rămas bun, fiindcă el pleca dimineața spre Miami. Eu am mai rămas câteva zile pentru a mai vizita câte ceva și a face turul de helicopter deasupra Marelui Canion.

Deși era ultimul meu gând la vreo poveste romantică, fiindcă nu eram complet eliberată de soțul meu și nici vindecată de trauma psihologică recentă, am primit a doua zi un mesaj de la Daniel. Mesajul era plin de candoare, inteligență, romantism și chiar umor. Așa a început relația noastră care, fără a vrea să folosesc vreun clișeu, avea un scop precis determinat de această inteligență nesfârșită a Universului. Am convingerea că Daniel a fost menit să mă ajute să divorțez, fiindcă, alfel, aș fi tărăganat-o mult și bine, cu pagubele colaterale la nivel emoțional.

Curând după întoarcerea în țară, am început să ne vedem pe Skype și întâlnirile au evoluat de la „ce mă bucur să te văd", până la „te iubesc" și „mi-e dor de tine". Daniel era foarte romantic și îmi trimitea mesaje drăguțe, chiar dacă sunt sigură că le trimisese cândva și altor femei. Era extrem de inteligent, avea un umor nesfârșit și, pe măsură ce treceau zilele, legătura noastră devenea mai intensă sau așa părea. Pe acest fond, am acceptat ca demersurile de divorț să meargă mai departe și m-am ocupat personal de completarea tuturor lacunelor probatorii și formalităților legale pentru partaj.

Nu aveam vreo avere de împărțit, o casă pentru care abia achitasem datoriile, mobilată cu strictul necesar. Mai aveam și o mașină Honda Civic pe care Victor, chipurile, o cumpărase pentru mine, făcând un credit la bancă. A fost foarte secretos în acea perioadă, părea că vrea să-mi facă o surpriză. Cred, mai degrabă, că avea remușcări, fiindcă mă înșela. Totodată, deși a făcut să pară un cadou, am văzut din extrasele de cont, după despărțirea noastră, că avansul și ratele de împrumut le achita din contul meu. Când a hotărât să plece, l-am rugat să achite restul de împrumut și a făcut-o, de asemenea, dintr-un depozit constituit din salariul meu. Cu alte cuvinte, cadoul mi-l luasem singură, dar fără să știu.

În orice caz, acea mașină a reflectat pare-se starea de spirit a „donatorului", fiindcă a fost implicată în foarte multe incidente. Îmi amintesc, de pildă, că, la vreo trei săptămâni după ce intrasem în posesia ei, în timp ce veneam de la Pitești unde fusesem să închei o tranzacție, la intrarea în București, șoferul unui tir cu volanul pe dreapta nu m-a observat așteptând la stop pe banda din stânga și a tras de volan intrând semnificativ în partea dreaptă a mașinii mele. Pe lângă numeroase alte lovituri și tamponări ușoare, chiar atunci când mașina era parcată în fața porții, dacă nu o lovea alt autoturism, o zgâria cineva de jur împrejur. Ultimul accident a fost la sfârșitul anului 2011, când am fost acroșată de un jeep care a distrus portiera de pe partea șoferului, fără alte consecințe, din fericire, cu excepția deciziei de a-mi schimba autoturismul.

Aceasta fiind întreaga avere și neavând alte rezerve financiare, tranzacția pentru partaj a validat practic acordul soțului meu de a-mi lăsa în proprietate exclusivă aceste bunuri. Mă gândeam și atunci cu cât entuziasm se implicase Victor în lucrările de renovare a casei și ce fericiți eram când, după peregrinările prin Anglia, reușisem să ne așezăm în țara noastră. Am simțit chiar că regreta decizia de a-mi lăsa tot, întrucât, în dimineața procesului de divorț, casa a fost inundată. Cu câteva zile înainte, se prăbușise copertina de la terasă, se stricaseră instalațiile și aveam sentimentul că acea casă se dezintegra, pur și simplu. De aceea, îmi propusesem ca, atunci când îmi voi permite, să-l despăgubesc pe Victor pentru partea lui de efort și contribuție. Nu a venit încă acel moment.

În orice caz, l-am revăzut pe soțul meu la divorț, însoțit de avocatul lui. Avea o privire moartă, rece și părea un străin ca oricare altul din mulțimea de pe holuri. S-a apropiat de David, care era și el chemat pentru a-și exprima opțiunea pentru unul sau altul dintre părinți. David l-a refuzat și atunci s-a retras la una dintre mesele de pe holurile Tribunalului și și-a deschis laptopul. M-am surprins relaxată. Acel personaj nu era soțul meu! Soțul meu era acea proiecție care ne-a ținut atâția ani împreună. Bărbatul blând, generos, sincer, dedicat. Nu era acel bărbat ostil, vindicativ, indiferent de pe holul Tribunalului, care lucra la laptop la 2 metri distanță de fiul lui, grăbit să-și obțină „eliberarea" formală de familia pe care cândva o iubise. În acel moment, divorțul mi s-a părut soluția firească. Reușisem să *let go*.

La câteva luni după divorț, Daniel a hotărât să mă viziteze în România. Părea cumva grăbit. Începuse să-și facă planuri. Vorbea de mutarea în România, spunea că s-a îndrăgostit de mine și că sunt „bonusul" adus de folosirea Metodei Sedona®. Îmi povestea că, la un moment dat, în căutările lui spirituale, practicase și regresii în viețile anterioare. Spunea că, din niște notițe găsite recent, reieșea că a trăit în România într-un loc numit Târgu Neamț, că a fost însurat și a avut copii, dar că a murit tânăr și nu a lăsat nimic notabil în urma lui. Glumeam pe seama acestor revelații și urmăream cu amuzament dansul Universului care ne adusese împreună.

Eu nu aveam alte așteptări de la această întâlnire decât ce aducea ea. Întrucât Daniel era pentru prima oară în România și nu cunoștea limba, chiar dacă în București mai toată lumea vorbește engleză, m-am simțit oarecum neconfortabil la gândul că trebuie să-i port de grijă atâtea zile. Nu a fost însă cazul, fiindcă a început să exploreze repede orașul, a avut întâlniri la Ambasada Americii în București și chiar începuse să utilizeze câteva cuvinte românești. Vorbea din ce în ce mai mult despre intenția de a se muta în București și a-și deschide un business. I-a cunoscut și pe copii. Ema l-a plăcut, dar David a fost rezervat. Am simțit că nu era încântat să vadă un bărbat în preajma mamei sale.

Într-o împrejurare, Daniel îmi mărturisise că și-ar fi dorit foarte mult să vadă Istanbulul și am vrut să organizez o vizită. A refuzat însă, zicând că nu ar fi vrut să spună „am fost la București, dar ce mult mi-a plăcut Istanbulul!". Am făcut însă o călătorie scurtă prin țară la Sibiu și Sighișoara și îmi amintesc că, pe drumul de întoarcere, ne-am oprit la Castelul Peleș din Sinaia. Stăteam pe terasa cafenelei de la castel și ne răsfățam sub razele, încă timide, ale soarelui de primăvară, ascultând acordurile unei chitări undeva în depărtare. Daniel a început brusc să plângă. Spunea că era copleșit de emoția perfecțiunii acelui moment. Poate, așa cum aveam să aflu mai târziu, avea o premoniție.

După ce a plecat, m-am observat pe dinăuntru și am simțit un spațiu uriaș plin de liniște. Lui Daniel îi plăcuse în România și era hotărât să revină. Repede! Am continuat să ne vedem pe Skype, până într-o zi când m-a întrebat când să-și ia biletul de avion. În acel moment am simțit ca o lovitură dureroasă în capul pieptului și un strigăt de NU mi-a răsunat în cap. Eu am învățat să-mi respect intuiția și, deși nu înțelegeam atunci mesajul, am început să mă eschivez, că nu-i momentul, că e dificil, criza economică, fiul meu, alte priorități etc. Daniel a priceput imediat și, mai în glumă mai în serios, a spus „ok, tu hotărăști când, dar să nu fie prea târziu!" Din acel moment, am rărit comunicarea.

La sfârșitul anului 2010, am plecat cu copiii și prietenul fiicei mele de atunci, partenerul meu de business, la Istanbul. Într-una dintre zile, mi s-a părut că îl văd pe Daniel pe stradă. Bărbatul acela arăta ca el. Mi-am amintit cât de mult își dorise să vadă Istanbulul.

Revenită la București, în primele zile ale anului 2011 am primit un telefon din America. Era sora lui Daniel. Am știut imediat ce-mi spune. Daniel murise undeva în Mexic, în urma unui infarct. Murise la fix un an de când ne cunoscuserăm în Sedona. Doar cenușa i-a ajuns la Miami. Intuiția este, într-adevăr, întotdeauna, sută la sută, exactă.

După aflarea veștii, am simțit același spațiu ca și cel perceput la plecarea lui Daniel din București. De fapt nu e nicio diferență cum dispare forma fizică. Știu însă că, în realitate, cine este Daniel cu adevărat nu a plecat nicăieri și sper ca, după atâtea eforturi de evoluție spirituală, în sfârșit, să fi aflat și el.

În orice caz, mi s-a părut relevant ajutorul venit din partea Universului prin apariția lui Daniel și mica romanță țesută într-o perioadă în care era nevoie de ea, pentru ca eul meu rezistent să se dea la o parte și să lase lucrurile să-și urmeze cursul firesc. Dincolo de mintea noastră limitată, există o inteligență nesfârșită, care ne împinge delicat exact acolo unde trebuie să ajungem. Și, atunci când este nevoie, ne ajută subtil în forme pe care mintea nu le poate anticipa. O face însă în termenii ei. Iar Daniel era, cumva, creația minții mele. Mă gândisem înainte că, dacă aș mai avea un iubit, mi-ar plăcea să fie pasional, eventual născut în America Latină, iar Daniel era născut în Venezuela. Apoi, în vara anului 2009, am fost într-o scurtă vacanță în Turcia și am stat la Rixos Premium în Belek. Un turc care plimba turiștii pe mare cu barca lui, micuț de statură și cu ochii verzi-albaștri îmi aducea mereu sticle cu apă și mă privea cu interes. Când eram în Doha pe malul golfului Persic, un bărbat austriac aflat cu treburi în Qatar s-a apropiat de mine și m-a abordat. Spunea că nevoia de a vorbi cu mine a fost imperioasă, ca o comandă. Daniel era născut în Venezuela, *easy going* și mare dansator de merengue, avea ochii verzi și era mic de statură precum turcul din Belec și avea chelie precum austriacul întâlnit pe malul Golfului Persic...

Această cooperare gentilă a Universului s-a făcut simțită de multe ori și în multe aspecte din viața mea din ultimii ani. Sunt sigură că și înainte beneficiasem de această cooperare, doar că nu aveam claritatea necesară pentru a o sesiza. După cum sunt sigură că acest ajutor se manifestă în viața oricui.

Așa se face, de pildă, că, la momentul la care soțul meu a plecat din familia noastră, eu eram independentă financiar, lichidasem datoriile, beneficiam de un confort material decent, care elimina din zona îngrijorărilor mele ziua de mâine.

Apoi, chiar dacă o perioadă de timp am fost aproape incapabilă să mai prestez vreun serviciu ca avocat, proiectele și toată munca din casa de avocatură pe care o conduceam au fost preluate de partenerul meu de business, un tânăr avocat strălucit, care a reușit să se afirme în fața clienților, așa încât absența mea a devenit insesizabilă. În acea perioadă era prietenul Emei și locuiau împreună. Eram practic o familie, iar el ne-a purtat tuturor de grijă. El l-a învățat pe David să-și facă nod la cravată și tot el îi dă, când și când, sfaturi de băieți.

Așa că am constatat și eu cum, într-o formă sau alta, în viața noastră apare întotdeauna persoana, împrejurarea sau situația de care avem nevoie, indiferent dacă persoana, împrejurarea sau situația ne place sau nu. Importantă este schimbarea produsă și lecția învățată, care ne oferă o altă perspectivă asupra lucrurilor.

Totul este așa cum trebuie să fie

Într-o bună zi, mi-a picat în mână cartea lui Eckhart Tolle *The Power of Now* (Puterea Prezentului). Citeam pe nerăsuflate și nu mai conteneam să-i spun fiicei mele: „Ce carte minunată!". Ema, uitându-se mirată la mine, mi-a spus: „Mama, dar tu ai citit această carte și nu ți-a plăcut!" Într-adevăr, nu am rezonat la început cu *The Power of Now* și nici măcar nu-mi aduceam aminte când am citit-o. Nici nu contează prea mult, decât că, într-adevăr, „profesorul apare când studentul este pregătit" și că, cel puțin în experiența mea, Universul cooperant mi-a pus la dispoziție cu gentilețe, atunci când am avut nevoie sau eram pregătită, persoana, lectura, muzica, meditația necesară.

Ah, de atunci m-am îndrăgostit iremediabil de Eckhart! Am citit apoi *The Power of Now* și *A New Earth*, și mai urmăresc din când în când înregistrări cu el pe you tube. Mi-am procurat de la Amazon cărțile citite de Eckhart însuși, înregistrate pe CD-uri. Acum pot spune că le știu *by heart*, fiindcă le-am ascultat în nopțile lungi de insomnie, dar și de multe ori în timp ce fac jogging în Herăstrău în jurul lacului. Si, chiar dacă știu textele cărților lui Eckhart pe dinafară, de câte ori le ascult, primesc alte și alte mesaje.

L-am văzut pe Eckhart Tolle la Londra de două ori în ultimii trei-patru ani. Ce privilegiu să fii în preajma lui! Eckhart spune că mesajul pe care îl transmite vine din „Sursă" și este pentru prima oară când îl aude și el.

În toamna anului 2013, când am avut privilegiul de a-l asculta pe Eckhart, tot la Londra, am rezonat profund cu tot ceea ce spunea. Doar că simțeam, din clipă în clipă, că voi adormi. Eram ca în pragul unei hipnoze. Și, multă vreme după întoarcerea de la acel eveniment, am simțit impactul profund pe care acea întâlnire l-a avut asupra mea. Nimic vizibil. Doar o pace consolidată care-mi îndulcește existența și în ziua de azi.

Am înțeles din propria experiență ce vrea Eckhart Tolle să ne transmită cu „puterea prezentului". Este o stare de spirit, și nu o coordonată temporală. Un fel de pace interioară, de dulceață a vieții, de satisfacție care însoțește orice faci și ce nu faci, de liniște, de spațiu, de compasiune, de iubire. Se instalează de la sine, când nu mai pendulezi între trecut și viitor, când nu mai trăiești din amintiri și nu te mai amăgești cu speranțe. Te conectezi practic la sursa existenței tale, la cine ești cu adevărat acum, fără povara trecutului defunct și fără fantasmagoria viitorului iluzoriu. Se poate ca amintirile sau proiecțiile despre viitor să continue să apară în prezentul tău, fiindcă mintea este mult prea antrenată ca să se oprească din această mișcare pe pilot automat. Devii însă conștient și nu le mai iei în seamă. Își pierd puterea asupra ta și, chiar dacă nu te poți considera un iluminat sau un *self-realized* și nici nu trebuie, îți trăiești viața dintr-un cu totul alt loc decât frica: cel al bucuriei, al clarității.

Eckhart atrage atenția asupra faptului că nu persoanele, circumstanțele sau întâmplările din viața noastră ne fac să suferim, ci rezistența noastră la prezent, la ceea ce este aici și acum. Cu cât ne opunem mai mult la ceea ce este, cu atât suferim mai mult, întrucât nu facem decât să hrănim emoțiile negative, să dăm mai mult timp egoului cu multitudinea sa de fațete pe care mintea noastră i le atribuie și care sunt, finalmente, iluzorii. Întrucât singurul loc în care putem experimenta curgerea vieții este acum, Eckhart spune că atunci când acceptăm firescul acestui moment, fără judecăți sau emoții negative care vin din trecut, ne situăm în cursul vieții și ne redobândim ușurința și bucuria naturală de a trăi. Până atunci, viața noastră pare haotică, segmentată în multiple experiențe, chiar dacă unele repetitive, pentru a ne da senzația de continuitate. Majoritatea ne zbatem inconștient să ne găsim pacea care, în realitate, este mai aproape decât credem, fiindcă oricare dintre noi suntem, aici și acum, chiar pacea însăși.

Există o expresie celebră, pe care am citit-o prima oară într-o carte scrisă de Deepak Chopra, deși nu cred că-i aparține: „Trecutul este istorie, viitorul este mister, iar prezentul este un dar". Conotația este mai bogată în engleză, întrucât cuvântul *present* înseamnă și dar (*gift*).

Vorbind de egoul atât de ridiculizat de Eckhart, zilele acestea, cînd scriu aceste rânduri, s-a întâmplat un eveniment neașteptat: fostul premier al României a încercat să se sinucidă în urma unei condamnări la doi ani închisoare cu executare de către Înalta Curte de Casație și Justiție. Îl știam de când eram studentă la facultatea de drept, când ne-a ținut o prelegere la Institutul de Studii Juridice unde lucra. L-am cunoscut însă, personal, când am făcut parte din guvernul lui, o scurtă perioadă de timp în 2004, în calitate de secretar de stat la Ministerul Justiției. Fostul meu coleg de facultate, Cristi Diaconescu, fusese numit ministru și m-a rugat să-l ajut. Știu că pare greu de crezut, dar nu a fost nicio pilă, nici soțul diplomat, cum s-a scris prin presa vremii, nici vreun amant membru de partid. Pur și simplu, Cristi știa că sunt destoinică și avea nevoie de cineva de încredere care să gestioneze, cu profesionalism, partea nepolitică a inițiativelor legislative ale Ministerului Justiției în perioada de preaderare la Uniunea Europeană. Am vorbit mai puțin de două minute atunci cu premierul care, din câte îmi aduc aminte, mi-a spus că îl prețuiește pe Diaconescu și că, dacă el m-a propus, nu are nimic împotrivă să mă numească în acea poziție.

De asemenea, în al doilea mandat pe care l-am avut ca secretar de stat la justiție în anii 2009-2010, fostul premier era deputat și ne vedeam destul de des la Parlament. De multe ori mă persifla, fiindcă făcea parte din opoziție, dar se întâmpla și să ne îmbrățișăm ca niște vechi prieteni.

Nu cred că teama de închisoare l-a determinat pe fostul premier să reacționeze atât de radical, ci umilința pe care egoul lui nu a putut să o îndure. Ar fi preferat dispariția fizică decât să îndure frustrarea, dezamăgirea, injustiția a cărui victimă se considera. Poate pe bună dreptate. Dar nu despre just sau injust vorbim aici, ci despre cât de distructiv poate fi acest ego care ne acaparează cu totul și ne deconectează de la sursa existenței noastre, de la esența noastră spirituală și poate genera chiar dispariția corpului fizic.

Dacă după mintea mea limitată s-ar putea să nu fi fost o hotărâre dreaptă, îndrăznesc să cred că ar putea fi o hotărâre necesară pentru propria evoluție. Nicio experiență nu ne este dată decât în interesul nostru, indiferent cât de traumatică sau dramatică ar părea. „Să mori înainte de a muri", cum ar spune Eckhart Tolle, este o cale de a te trezi din visul morții pe care noi, oamenii, îl traim.

Nici nu se putea altfel în cazul fostului premier care exersase puterea la cele mai înalte cote. A fost ministru de externe, prim-ministru, președintele Camerei Deputaților. A fost, la un moment dat, poate, cel mai puternic om din țară. Puternic, dar nu liber. Puterea nu înseamnă libertate, dimpotrivă. Cam ce dimensiuni credeți că dobândise egoul acestui om? Un om cult, rafinat, arătos, de altfel, care enerva prin zâmbetul ce părea arogant și care a fost transformat în conștiința opiniei publice din România în simbolul corupției despre care se spune că înflorise sub guvernarea lui. Am aflat că, chiar în motivarea sentinței, există o remarcă, în sensul că astfel de persoane trebuie să dispară din viața publică, fiindcă reprezintă „personificarea corupției" însăși. Nu găsesc că o astfel de motivare trebuie să-și facă loc într-o hotărâre de condamnare a unei persoane, indiferent cine ar fi aceasta, dar un ego mare atrage altul pe măsură. Acest dans în oglindă – politic, nepolitic, drept, nedrept – devine irelevant. Ceea ce contează este că a primit șansa de a se trezi în același corp, dar fără acel ego.

Ceea ce mă amuză însă este spectacolul grotesc al minții umane. Concetățenii mei s-au divizat în pro și contra sinuciderii premierului, în funcție de opțiuni politice, simpatii, frustrări personale sau, pur și simplu, ca să aibă o opinie. Zilnic, pe toate posturile de televiziune se consumă multă energie în dezbateri pe marginea subiectului, scena groazei este disecată în fel și chip, fularul de la gâtul premierului este ridiculizat sau chiar incriminat. După unii, este un semn de aroganță ca într-un astfel de moment, când poporul „revoltat" a suportat „eșecul suicidului", să mai vadă și un fular Burberry! Ca să nu mai vorbim că este de-a dreptul sfidător să porți un fular Burberry pe așa vremuri de austeritate! Moderatorii, chipurile dedicați informării obiective a opiniei publice, își aleg interlocutorii după simpatia sau antipatia față de premier și, dacă apare vreunul care se întâmplă să aibă o altă părere, este de-a dreptul izgonit din emisiune.

Știu în adâncul sufletului meu însă că *all is well* și că miracolul vieții își va face lucrarea și cu acest om. Când va înceta să se victimizeze. Când va lăsa trecutul acolo unde îi este locul: în trecut. Și, mai ales, când va descoperi că el nu este povestea vieții lui și că nu este nimic greșit în această lume, ci totul este așa cum trebuie să fie.

Revenind la schimbările apărute pe calea transformării mele, cu excepția materialelor juridice care sunt legate de exercițiul profesiei, toate cărțile care m-au atras în ultimii ani sunt de spiritualitate sau «dezvoltare personală». Am citit orice carte cu care am rezonat, am abandonat lecturile pe care nu le-am înțeles în primele 10 pagini sau am simțit că fac efort ca să le înțeleg. Iubesc *The Untethered Soul*, scrisă de Michael A. Singer, *I am That* în care sunt transcrise discuțiile cu Nisargadatta Maharajah, unele dintre cărțile lui Deepak Chopra, Adiashanti sau Jeff Foster, *A Search In Secret India*, scrisă de Paul Brunton, Annamalai Swami *Final Talks* și *Living By The Words Of Bhagavan* și lista ar putea continua. Lecturile de care nu mă satur însă sunt transcrierile discuțiilor cu Robert Adams din satsang (în traducere, „în prezența Adevărului") și *Talks with Ramana Maharshi*, în care sunt consemnate învățăturile lui Ramana Maharshi.

Absolut surprinzător, am aflat că în România, și chiar în București, nu departe de casa mea, a trăit un mistic, Ilie Cioară, supranumit și „Sfântul din Colentina". După căutări interesante, manifestate prin practici religioase nesatisfăcătoare și decorporalizări, nea Ilie s-a trezit „iluminat" într-o dimineață. Întreaga experiență este descrisă în 16 cărți, dintre care unele sunt traduse în engleză. În cuvintele lui: „Într-o dimineață, la trezire, am constatat cu surprindere că intelectual nu mai funcționam ca înainte. Adică mintea mea hoinară, care pendula în mod obișnuit între trecut și viitor, își încetase hoinăreala. De-acum, mintea, corpul și spiritul formau o unitate desăvârșită și acționau ca un Întreg, perfect conștient de tot ceea ce făceam în acea clipă. Surpriza fenomenului a fost atât de mare încât, la început, n-am fost în stare să-i dau un nume, deși citisem destulă literatură ce amintea despre Iluminare, Eliberare, spargerea cetății „egoului." Numele mi-a venit prin intuiție, ca o străfulgerare într-un moment de profundă liniște... Mintea mea anterioară, mărginită, care se sprijinea pe știut, a fost înlocuită cu o Minte Universală, Infinită. Și în aceeași zi am primit îndemnul - porunca, mai degrabă - de a scrie toate acestea..."[1].

La ultimul *retreat* din Sedona, din martie 2011, la un moment dat, Hale a vorbit despre Robert Adams. Spunea că l-a cunoscut și că a participat la *satsangs* cu Robert. Am reținut că acele întâlniri erau *great fun*. Unul dintre participanți a scris adresa site-ului pe care puteau fi găsite transcrieri ale întâlnirilor lui Robert Adams cu discipolii lui. Ajunsă acasă în București, am accesat site-ul cu Robert

---

[1] Ilie Cioară, *Eternitatea Clipei*, Ed. Herald, București, 2001, p. 181, 182.

Adams și am făcut download la vreo 3000 de pagini. Nu m-am mai putut opri din citit. Eram pregătită pentru această lectură. Rezonam. Înțelegeam. Robert este un iluminat sau *Jnani* care a trăit în America, a fost discipolul lui Ramana Maharshi, iar, în ultimii ani din viața corpului său fizic, a trăit în Sedona Arizona. Robert, ca și Ramana, spune, cu umor, că noi suntem deja iluminați și căutăm toată viața ceea ce avem deja, așa că am face bine să ne trezim ACUM! Învățăturile lui Robert Adams, ca și cele ale lui Ramana, se regăsesc și în scrierile misticului român Ilie Cioară, care a ajuns, pe calea lui, la cunoașterea Sinelui, dar rostește același adevăr.

De la Robert Adams am aflat pentru prima oară de Ramana Maharshi. Așa cum unul dintre discipolii săi, Maiorul A.W. Chadwick, îl descrie în Preambulul cărții sale *A Sadhu's reminiscences of Ramana Maharshi*, „El a fost un Iluminat sau, cu alte cuvinte, într-o uniune completă cu Adevărul Suprem, deși a funcționat ca un om normal, corpul său nefiind diferit de al nostru, poate cu excepția unei oarecare fragilități mai mari decât a unei persoane obișnuite". Mi-am comandat imediat cartea *Talks with Ramana Maharshi* de pe Amazon. Când am primit-o, am înlemnit! De la o vreme, când închideam ochii să meditez sau chiar să mă odihnesc, vedeam, fracțiuni de secundă, un chip. Era chipul iubit al lui Bhagavan Ramana! Iar ochii, despre care vorbesc toți cei care l-au cunoscut în forma fizică, transmit exact aceeași fascinație de câte ori îl privesc!

Tot așa am aflat de Arunachala. Și am căutat imagini pe internet. Iar vibrațiile pe care le-am perceput atunci în toată ființa mea nu m-au părăsit niciodată.

„La final, fiecare trebuie să vină la Arunachala”

Informațiile pe care le aveam despre India în urmă cu patru ani erau atât de vagi încât pot spune că lipseau cu desăvârșire. Știam, de principiu, că India era asociată cu spiritualitatea, dar eram atât de ignorantă, încât nu mi-era prea limpede de ce. Mă marcase și cartea lui Mircea Eliade „Maitreyi” la timpul când am citit-o, dar credeam că e doar ficțiune, nu și filozofie indiană. Când eram copil, am văzut de câteva ori filmul „O floare și doi grădinari”, la care am plâns mult. Îmi plăceau muzica indiană și stilul Bollywood vesel, caraghios. Cred că am văzut de câteva ori și niște reportaje sau filmulețe pe internet despre *incredible* India. Cu toate acestea, trebuie să recunosc că nu știam, cu adevărat, nimic despre India înainte de a ajunge pentru prima oară acolo în august 2012. Iar când am ajuns, prima impresie a fost că sunt pe o altă planetă. Și nu mi-a luat mult să realizez că acea altă planetă este casa mea. Și pentru că acolo mă simt mai acasă decât acasă, am fost în India de trei ori în ultimii doi ani.

După ce am început să citesc despre Ramana Maharshi și chiar să meditez la „cine sunt eu?”, după învățătura lui, mi-a trecut de câteva ori prin cap că ar trebui să merg în India, și nu oriunde, ci acolo unde a stat Ramana, lângă muntele sfânt Arunachala. Am eliminat însă acel gând. Mintea cea „deșteaptă" îmi spunea că nu sunt pregătită.

În vara anului 2012, negociam cu David, care părea deprimat, să o vizităm pe Ema în Malta, unde ea se mutase de peste un an. Mă gândeam că un loc de vacanță însorit, cu multă apă, plaje și mâncare bună, este numai potrivit pentru un adolescent. În plus, mi-era dor de Ema și mi-ar fi plăcut ca mica noastră familie să petreacă ceva timp împreună. Dacă David a fost, inițial, de acord cu ideea, într-una din zile mi-a spus că nu mai are chef să meargă în Malta. Mi-a părut rău și chiar l-am judecat în gândul meu, într-un fel, zicând că nu e în stare să aprecieze că mă străduiam să aranjez lucrurile ca să-i fie lui bine. Numai că, imediat, o altă idee a venit de nicăieri: de ce nu India?

Am găsit pe internet informații despre Tiruvannamalai, un orășel în care se află Ashramul lui Ramana Maharshi, situat în Tamil Nadu în partea de sud-est a Indiei, precum și despre cel mai apropiat aeroport, Chennai.

Zilele următoare, fără să mă gândesc în prealabil, m-am trezit, realmente, cerându-i Otiliei, asistenta mea, să-mi rezerve un bilet de avion într-un interval de timp din luna august. Habar n-am de ce am ales acel interval, cert este că erau 12 zile. Mi-amintesc că la zborul pentru care am optat, cu Qatar Airways, am cumpărat ultimul bilet de avion și, coincidență sau nu, toate locurile în cele trei avioane cu care am zburat spre Chennai au avut numărul 12.

Între timp, am intrat pe site-ul Ashramului și am cerut un loc de cazare. Spre bucuria mea, cazarea pentru 12 zile mi-a fost confirmată imediat. Cineva mi-a spus, când eram acolo, *you are loved!*, fiindcă, de regulă, cazarea în Ashram este aprobată pe intervale mai scurte de timp, de trei-patru zile.

Am rezervat un taxi de pe un site găsit pe internet și am plecat în prima mea călătorie în India. A fost un drum de aproximativ 16 ore, incluzând cele două escale în Istanbul și Qatar, și am ajuns în Chennai pe la 3 dimineața. Când, în sfârșit, am ieșit din aeroport, m-am uitat după șoferul meu de taxi și am observat că cineva purta un afiș pe care scria: „Rodica Arunachala". Atunci nu eram prea lămurită, dar acum știu ce binecuvântată eram!

Șoferul meu era obosit, fiindcă venea din Tiruvannamalai sau Tiru, cum i se mai spune, drum de vreo patru ore către Chennai. Nu vorbea deloc engleză. Părea însă că știe ce are de făcut și unde trebuie să mă ducă. Ulterior, am înțeles că site-ul de unde rezervasem taxiul era ținut de proprietarul minimarketului din fața Ashramului.

Era extrem de cald și atmosfera părea umedă. Eram și eu obosită și am ațipit pe drum în legănatul mașinii. M-am trezit când mijeau zorii și am început să observ mediul înconjurător. Auzeam claxoanele din trafic și vedeam casele sărăcăcioase de pe marginea drumului, cu oamenii dormind pe prispa casei. Un fel de bordeie, cum apucasem și eu să văd în satul meu când eram copil. Casele nu sunt separate prin garduri și satele par comunități în care toată lumea conviețuiește cu toată lumea și nu numai, ci și cu animalele din gospodărie, totul integrat în natura înconjurătoare.

Am oprit la un moment dat într-un loc în care se vindeau diverse, un fel de terasă deschisă, dacă se poate spune așa, și am coborât să-mi cumpăr o sticlă cu apă. Cei care vindeau acolo aveau pielea arămie și erau îmbrăcați cu o pânză albă în jurul brâului. Privirea lor mi s-a părut aspră, dură, mi-a inspirat teamă, atunci. Doamne, ce-i iubesc acum!

Am ajuns în curtea Ashramului pe la șapte-opt dimineața, când oamenii erau la *breakfast*. Am recunoscut intrarea pe care o văzusem de multe ori pe internet. Și mai ales arborele maiestuos, cu trunchiul plin de protuberanțe și ramurile întinse spectaculos și primitor, ca și când ar îmbrățișa pe oricine intră în curtea Ashramului.

Șoferul mi-a coborât bagajele cu un zâmbet larg și m-a condus către biroul administrativ din Ashram. Misiunea fusese îndeplinită! M-am descălțat, mi-am lăsat geamantanul în față și am așteptat ca cineva să apară și să se ocupe de mine. Între timp, un grup de maimuțe s-au așezat în jurul bagajului meu examinându-l curioase.

Am fost condusă la un bungalow unde se afla camera mea. Am intrat. Totul era minimalist. Un pat de o persoană, o măsuță și un scaun mobilează camera. Pe perete este o fotografie cu Ramana. Baia are o chiuvetă mică, un vas de toaletă și niște găleți. Nu vedeam niciun duș, doar niște țevi care ieșeau din pereți cu un robinet în capăt. Era foarte cald, dar apa era totuși rece și mă întrebam cum o să-mi spăl părul în toata acea perioadă?

Apoi am avut câteva momente de panică fiindcă nu vedeam nicio priză și aveam nevoie să-mi încarc I-Phone-ul pentru a comunica cu copiii și cei de acasă, precum și camera foto. Sunt aproape dependentă de camera mea foto. Mă întorc cu sute, dacă nu mii de fotografii din locurile în care merg și îmi place apoi să le arăt și altora. Căutam disperată priza și simțeam cum crește panica în mine. Am folosit atunci imediat, câteva minute, tehnicile Metodei Sedona: ...este doar un sentiment, fals, ca orice sentiment, iar eu nu sunt acest sentiment... Lasă-l să fie aici, *welcome it, allow it as it is...* Priveam, în același timp, către fotografia lui Ramana și simțeam că sunt în siguranță... Fără să cred că e vorba de o priză, am observat apoape de tocul ușii două găurele și am introdus încărcătorul de la camera foto. S-a aprins beculețul. Țopăiam fericită prin cameră. L-am privit pe Ramana zâmbind și i-am mulțumit...

Eram obosită după călătorie și marcată profund de impresia oamenilor și locurilor din India. Zac întinsă pe patul micuț preț de câteva zeci de minute. Văzusem chipul câtorva bărbați îmbrăcați în pânzele portocalii, așa-numiții *sadhu*, sau cei care au abandonat viața lumească pentru cea spirituală. Chipul unora părea aproape sălbatic, privirea așișderea. Mă uit din nou către fotografia lui Ramana și întreb în gând: așa arată un căutător al eliberării? Sau un iluminat?

Am făcut repede un duș rece, m-am schimbat în haine comode în stil indian și am ieșit să explorez împrejurimile. Camera mea era situată la etajul 1 al unui grup de bungalow-uri amplasate în spatele templului din Ramanasharamam. Se ajunge acolo pe o alee, de-a lungul unui tank cu apă verzuie, mărginit de palmieri înalți și o porțiune cultivată cu ceva ce semăna cu orzul înverzit din culturile noastre. Cred că iarba aceea era folosită la hrana vacilor din Ashram. În orice caz, când treceam pe alee, simțeam, de multe ori, că mișcă ceva prin acea iarbă. Îmi închipuiam că trebuie să fie șerpi. În partea dreaptă a aleii este un zid de pe care cad flori colorate. Dincolo de el se întinde o livadă mărginită de palmieri și, pe fundal, de Arunachala.

Am ieșit în recunoaștere. Vizitez Asharamul și intru în Holul Nou în care se găsește o statuie în mărime naturală a lui Ramana, așezat pe o canapea. Întreg ansamblul este construit din marmură neagră. Din informațiile colectate de pe website-uri și din cărțile citite cât timp am stat în Ashram, am aflat că acest Hol a fost edificat pentru că cel vechi devenise neîncăpător pentru numărul mare de discipoli, dar Ramana nu a mai apucat să stea în acel loc decât câteva luni înainte de dispariția corpului fizic sau *Mahasamadhi* („marele sau finalul Samadhi sau contopirea cu Sinele sau Spiritul Suprem. Termenul este utilizat uneori pentru a exprima moartea fizică a unui mare Sfânt, dar pentru Maharshi chiar și acesta pare nepotrivit din moment ce el era deja în *Mahasamadhi* în timp ce avea un corp, iar moartea corpului nu a făcut nicio diferență pentru el")[1]. Din acesta se trece în *Matrubhuteswara Shrine*, în care se află mormântul mamei lui Ramana. Acesta cuprinde un *Shiva Linga*[2] care a fost sanctificat de atingerea grației lui Ramana însuși. În acest loc sunt conduse slujbe numite *Sri Chakra Puja* în fiecare zi de vineri, în zilele cu lună plină și în prima zi a fiecărei luni. Pe pereții exteriori sunt imagini sculptate ale unor zei. Pe

---

[1] Conform termenilor definiți în Glosarul din cartea *Ramana Maharshi and the Path of Self-Knowledge*, de Artur Osborn, Sri Ramanashramam, Tiruvannamalai, 2010.

[2] „Un stâlp din piatră care adesea îl reprezintă pe Siva sau absolutul, având în vedere că orice imagine sau idol este limitată și, pe cale de consecință, derutantă. Cuvântul vine de la *linga*, care înseamnă să fii absorbit, iar rădăcina înseamnă «acela în care toate ființele sunt absorbite...», iar *Siva* înseamnă «...pentru discipoli Siva este distrugătorul zidurilor închisorii în care Spiritul omului este prizonier, eliberând doar ființa Absolută, care este Cunoașterea supremă și Beatitudinea pură». Cu alte cuvinte, Siva este personificarea Absolutului, incluzându-l pe Iswara și toți zeii și lumea ca un vis în sine însuși" – din termenii definiți în Glosarul din cartea *Ramana Maharshi and the Path of Self-Knowledge*, de Artur Osborn.

ușa de pe partea nordică a peretelui se ajunge la altarul construit peste mormântul lui Ramana. Altarul este demarcat de coloane din granit care mărginesc o platformă pe care se ridică un turn sprijinit pe un lotus din marmură albă, deasupra căruia se află un Shiva Linga. În spatele paltformei se află statuia lui Ramana Maharshi. În fața altarului se deschide un hol spațios de meditație cu podeaua din marmură, numit *Samadhi Hall.*

Pe latura de nord se intră în Holul Vechi, care, alături de Camera Nirvana, sunt privite ca locuri atinse, în mod particular, de prezența sfântă a lui Bhagavan Ramana. În holul vechi sau de meditație mii de discipoli au primit *darshan* în prezența sfântă a lui Ramana. Pe canapeaua din acest hol, Ramana și-a petrecut mult timp alături de discipolii care se bucurau de pacea profundă emanată de prezența sa. Pe această canapea este amplasat acum un tablou mare cu fotografia lui Bhagavan Ramana, aproape în mărime naturală, așa cum obișnuia să stea, cu mâna sprijinită pe genunchiul îndoit. E acolo, ca și când ar fi în carne și oase. Prezența lui spirituală, care nu a dispărut odată cu dispariția corpului fizic, este intensă.

Camera micuță numită „Nirvana" este amplasată în fața Holului Nou și în partea de nord a birourilor administrative într-o grădină cu vegetație exotică. În acel loc, Ramana și-a petrecut ultimele zile din viața pământească, dorind ca discipolii să aibă acces la binecuvântarea sa – *darshan* – până în ultima clipă. Acea ultimă clipă a fost la orele 8.47 pm pe 14 aprilie 1950, când „...în acel moment, un meteorit, ca o flacără lungă de câțiva metri, a apărut pe cer în partea de sud est și s-a mutat către partea de nord est a muntelui Arunachala, dispărând în spatele vârfului acestuia. Lumina care a fost Bhagavan s-a unit atunci în Turnul de Lumină care a fost și este muntele sfânt Arunachala”[1].

Lângă camera Nirvana sunt câteva temple micuțe în care se află morminte ale unor *swami* sau ale celor care au condus Ashramul de-a lungul timpului, inclusiv fratele lui Ramana.

În spate este clădirea numită *Dining Hall*, care include bucătăria în care se pregătește zilnic mâncare proaspătă pentru oaspeții din Ashram. Există și partea mai veche a acestui hol, în care chiar Ramana lua masa împreună cu discipolii săi. În acest hol pot fi hrănite zilnic aproximativ 800 de persoane, iar la sărbătorile speciale, cum ar fi *Jayanti*, ziua de naștere a lui Ramana, sunt hrănite două-trei mii de persoane.

În partea de est se găsesc bungalow-uri pentru cazarea bărbaților. Ulterior, s-a deschis un alt corp cu facilități de cazare, vizavi de Ashram, pe cealaltă parte a străzii. Încă nu am locuit acolo, dar construcțiile sunt foarte elegante.

---

[1] A. Devaraja Mudaliar, *My Recollections of Bhagavan Sri Ramana*, Sri Ramanashramam, Ediția a 4-a, 2009, p. 154.

Birourile administrative și librăria sunt amplasate imediat la intrarea în Ashram, în partea dreaptă a curții. La sfarșitul anului 2012, în a doua mea călătorie în Tiru, am avut bucuria să particip la deschiderea bibliotecii din Ashram, condusă de David Godman, o clădire nouă și elegantă, în care se găsește o colecție impresionantă de cărți despre spiritualitate în diferite limbi.

Ashramul este situat la poalele muntelui sfânt Arunachala. Există o alee, niște trepte și o poartă de intrare către Arunachala chiar din curtea Ashramului.

Eram în prima mea zi în Ashram, obosită și puțin amețită de drum. Am observat o tânără în cârje și am intrat în vorbă cu ea. Venea din Paris, era balerină și suferise o fractură la unul dintre picioare în timpul antrenamentelor. Nu era la prima călătorie în India, cred că la a șasea sau a șaptea și urma să mai rămână câteva luni, dar în New Delhi, unde pleca în câteva zile. În timp ce vorbeam, oamenii s-au așezat la rând. Se pregăteau pentru masa de prânz. M-am așezat și eu lângă franțuzoaică. Înainte de a intra în clădire, cei așezați la rînd își spală mâinile la niște robinete montate pe zidul clădirii. Apoi, la 11 și jumătate fix, sună clopoțelul și se deschid ușile. În interior sunt puține mese așezate de-a lungul pereților. Cele două încăperi, suficient de largi să primească câteva sute de persoane, au pe podeaua din ciment șiruri de frunze de banan și câte un pahar din metal. Oamenii se așază la masă în dreptul frunzelor de banan.

Frunza se clătește cu apa din pahar, deși pare curată. Apoi, cei de la bucătărie vin pe rând cu găleţile cu orez și alte mâncăruri din legume și pun cu polonicul pe frunza respectivă. Se mănâncă cu mâna, iar la sfârșit te speli pe mâini la aceleași robinete montate peste tot afară în curtea Ashramului.

Noua mea prietenă franțuzoaică era experimentată și m-am orientat după ea. M-a întrebat: „știi să mănânci cu mâna?", „da, știu acum", i-am răspuns, și am început să combin orezul cu restul mâncărurilor care-mi fuseseră vărsate cu polonicul pe frunza mea de banan. Realitatea este că, atunci când eram copil, mâncam mai mult cu mâna și nu se poate spune că nu aveam dexteritate. Numai că, imediat ce am dus la gură prima înghițitură mi-a venit înapoi. N-am mâncat decât foarte puțin și destul de greu, fiindcă aveam o senzație pronunțată de greață.

A doua zi, nu am mai mers la masă. Am încercat să mănânc banane, guave, biscuiți, dar mă simțeam destul de slăbită. Am adormit greu din cauza claxoanelor care nu se liniștesc nici noaptea și eram destul de bulversată de întreaga experiență. Știam că există un resort destul de sofisticat, Sparsa. Făcusem o rezervare pentru viză, fiindcă cei de la ambasada Indiei nu au fost mulțumiți de confirmarea venită de la Ashram. Și-mi trecea prin cap să merg și să mă cazez acolo. Un gând persistent îmi rula însă în minte: ai răbdare! Și o pace aproape palpabilă se instala în ființa mea.

Am vizitat Templul Arunachaleswarar sau Annamaliyar din centrul orașului, unul dintre cele mai mari temple Hindu din India, dedicat lui Shiva, vechi de aproape 2000 de ani. În acest Templu a stat și Ramana aproximativ 6 luni în anul 1896, la sosirea în Tiruvannamalai. Nu știam nimic despre ritualuri, zeități, dar eram copleșită de energia locului și îi urmam pe ceilalți. Am intrat prin altare, am fost dată cu praf sfânt pe frunte în mai multe locuri de către preoții de acolo, am făcut reverențe în fața zeilor și am meditat în locurile care m-au atras.

Ajunsă din nou în Ashram, am luat o ricșă împreună cu franțuzoica și am făcut un tur al muntelui. Conducătorul ricșei ne-a dus la câteva temple care nu sunt la drumul principal. Unele temple sunt prin grădini sau în curtea oamenilor, altele sunt amplasate de-a lungul drumului principal și am avut prilejul să le revăd cu prilejul numeroaselor *Giripradakshine* (turul muntelui) pe care le-am făcut ulterior.

Încă nu puteam să mănânc, iar în oraș nu prea știam cu ce și unde să mă hrănesc. După vreo două, trei zile, am început să dialoghez, în sinea mea, cu Ramana: „ce mă fac, Ramana, nu pot să mănânc, nu cred că rezist atâtea zile?" Și imediat am primit invitația care a sunat ca un îndemn, blând, dar ferm: „du-te la masă"! Și m-am dus. Mi s-a părut cea mai gustoasă mâncare pe care o mâncasem vreodată. Totul era proaspăt pregătit în bucătăria Ashramului, iar fiecare îmbucătură avea alt gust, fiindcă puteai să-ți combini orezul și celelate mâncăruri cum doreai. Apoi mâncarea era servită cu atâta dragoste de cei de acolo și, mai ales, aveam privilegiul să mănânc chiar în locul în care Bhagavan Ramana mâncase cu discipolii săi. Ce binecuvântare! Abia așteptam apoi să vină ora prânzului! În vizitele mele ulterioare, chiar dacă nu am locuit în Ashram, am mâncat de câteva ori acolo, cu permisiunea celor care administrează Ashramul, și de fiecare dată m-am simțit binecuvântată.

Din experiența primelor mele zile în India am înțeles câte prejudecăți aveam și cât de dependentă eram încă de corpul meu fizic. Și, mai ales, de confortul de care am avut privilegiul să mă bucur de-a lungul timpului și de care eram atât de atașată. De aceea, primele lecții învățate, în cel mai gentil mod cu putință, au vizat acest gen de atașament. Mi-am spălat părul cu apă rece, învățând să utilizez gălețile și cănile din plastic pe care le aveam la dispoziție, și eram extrem de mulțumită. Aveam unde să dorm, cu ce să mă spăl și ce să mănânc. Eram mult mai norocoasă decât mulți oameni care nu dispun de aceste facilități. Într-o zi, în timp ce mă jucam cu un cățeluș pe care îl hrăneam cu biscuiți și care mă aștepta în fața ușii, am observat că pe peretele din stânga de pe scara bungalow-ului scria, în dreptul unui robinet, *solar water*. Am luat repede găleata și am deschis robinetul. Apa era clocotită. Nu a fost nevoie, din acel moment, să-mi mai fac dușuri reci, chiar dacă nu ar mai fi contat. Să fi fost doar rezultatul eliberării de acel atașament?

După vreo trei zile, așteptam deja cu nerăbdare slujbele din Ashram, numite *Puja, Veda Parayana and Patasala,* sau alte ceremonii care aveau loc în Samadhi Hall sau Matrubhuteswara. Două grupuri, unul de femei și altul de bărbați, așezate față în față pe podeaua Templului, cântă dumnezeiește în fiecare seară. În versurile cântecelor sunt Imnurile scrise de Ramana în slăvirea lui Sri Arunachala. Făceam și eu ce făceau ceilalți, chiar dacă nu înțelegeam nicio vorbă. De pildă, în timpul slujbei, oamenii se plimbau în jurul altarului. Prietenul meu Palani, mi-a dezvăluit, la ultima mea vizită, că aceste circumvoluțiuni sunt menite să atragă energia care, în cultura indiană, însoțește trupul sfântului. Un fel de efect de centrifugă. Apoi, am început să particip și la cântări și cântam și eu din toata inima Arunachala Shiva, Arunachala Shiva...

Cumpărasem câteva cărți de la librăria din Ashram despre Ramana Maharshi, printre care *My Life and Quest* și *Ramana Maharshi and the Path of Self Knowledge* scrise de Arhur Osborn, *Living with the Master*, scrisă de Kunjuswami în tamil și tradusă în engleză de K. Subrahmanian, *A Search In Secret India*, scrisă de Paul Brunton, un britanic care, în căutarea spiritualității sau a celor care ajunseseră la cunoașterea autentică, l-a cunoscut pe Ramana Maharshi și, prin grația lui, adevărul. Devoram realmente aceste cărți în pauzele de la prânz sau seara, dacă nu se întrerupea curentul.

Atunci am aflat mai multe despre Ramana. Numele lui era, de fapt, Venkataraman și s-a născut pe 29 decembrie 1879 într-un orășel, Tiruchuzhi, situat în Tamil Nadu, în sudul Indiei. Unul dintre discipolii lui Ramana, Arthur Osborn, care este și primul editor al revistei Ashramului, *Mountain Path*, găsește similitudini între nașterea lui Isus cu 2000 de ani în urmă și a lui Ramana, la date apropiate, precum și moartea corpului fizic a lui Ramana în după amiaza de 14 aprilie 1950, în Vinerea Mare, după-amiaza lui Isus.

Venkataraman era un băiat sănătos, atletic, căruia îi plăcea să înoate, să joace fotbal cu băieții de vârsta lui, să facă năzbâtii. Singurul lucru neobișnuit era somnul atât de adânc în care cădea, încât nu auzea nimic, chiar dacă se făcea zgomot asurzitor în preajma lui. Uneori băieții îl mutau în somn oriunde doreau, îl băteau strașnic, apoi îl aduceau în patul lui și Venkataraman nu-și amintea nimic a doua zi. După moartea tatălui său, cînd Ramana avea 12 ani, familia a fost despărțită și Venkataraman, împreună cu fratele său mai mare, a fost trimis să trăiască în casa unchiului său pe linie paternă în apropiere de Madurai.

Deși nu avea pregătire religioasă, Venkataraman a fost atras de un munte sfânt numit Arunachala, despre care a aflat, într-o bună zi, de la o rudă mai în vârstă, că are o existență reală și tangibilă pe acest pământ și că poate fi vizitat.

Când avea 16 ani, într-o zi, care se pare că era 17 iulie, întâmplător și ziua mea de naștere, Venkataraman a trăit marea experiență care i-a schimbat viața. În cuvintele sale: „...A fost neașteptat. Stătem singur într-o cameră la primul etaj al casei unchiului meu. Rareori fusesem bolnav, iar în acea zi nu era nicio problemă cu sănătatea mea, dar dintr-odată m-a cuprins o teamă violentă de moarte. ...Chiar am simțit că «voi muri» și am început să mă gândesc la aceasta.... Șocul generat de frica morții s-a mutat în interior și am început să-mi spun în minte, fără să folosesc cuvinte, de fapt: «Acum moartea vine, ce înseamnă aceasta? Acest corp moare». Și am început să imit apariția morții. M-am întins cu mâinile lipite de corp ca și când s-ar fi instalat *rigor mortis* așa încât investigația să pară reală... «Așadar, mi-am spus, acest corp este mort. Va fi dus la incinerare și redus la cenușă. Dar odată cu moartea acestui corp sunt și Eu mort? Este corpul 'Eu'? Este liniștit și inert, dar simt forța completă a personalității mele și chiar vocea acelui 'Eu' în interiorul meu, separată de corp. Deci sunt Spiritul care transcende corpul. Corpul moare, dar Spiritul care îl transcende nu poate fi atins de moarte. Aceasta înseamnă că sunt Spiritul nemuritor». Toate acestea nu au fost un gând obișnuit; au fost o străfulgerare vie, ca și când aș fi trăit direct adevărul perceput aproape fără implicarea procesului gândirii. 'Eu' era ceva foarte real, singurul lucru real în starea mea prezentă, și toată acea activitate conștientă în legătură cu corpul meu era în centrul acelui 'Eu'. Din acel moment 'Eu' și-a concentrat atenția pe sine însuși într-o fascinație continuă. Frica de moarte a dispărut pentru totdeauna. Absorbția în Sinele superior continuă neîntrerupt din acel moment...".[1] .

Curând, tânărul Venkataraman avea să părăsescă Madurai pentru a merge la Arunachala, în Tiruvannamalai, de unde nu a mai plecat niciodată. Primii ani, tânărul *swami* i-a petrecut în tăcere și transe divine în Templul Arunachaleswar, apoi în alte temple mai mici. Aici a dus o viață de ascet, în liniște, absorbit complet în Sine, așa încît nu simțea furnicile și insectele care mișunau sau mușcau din corpul său. De altfel, și-a neglijat complet corpul în acea perioadă, era slab, cu unghiile crescute ca niște gheare, cu părul lung. Curând, deși nu dorea ca cineva să-i tulbure intimitatea, vizitatorii și admiratorii au început să-i ofere diverse daruri sau să-l protejeze.

Între anii 1899-1915, Ramana a stat în peștera Virupaksha, după care s-a mutat în Skandashramam până în 1922. De atunci și până la uniunea cu Arunachala în 1950, Sri Bhagavan Ramana Maharshi, așa cum a fost numit de unul dintre discipolii săi, Ganapati Muni, a trăit în corpul fizic în Ashramul care s-a dezvoltat în jurul mormântului mamei sale la poalele muntelui sacru Arunachala. „Sri" înseamnă cel binecuvântat, „Bhagavan" înseamnă Dumnezeu, „Ramana" este o prescurtare de la Venkataraman, iar „Maharshi" înseamnă marele Sfânt.

[1] Arthur Osborne, *Ramana Maharshi and the Path of Self-Knowledge*, Sri Ramanashramam, 2010, p. 8-10.

Prezența spirituală a lui Ramana nu a scăzut în intensitate după dispariția corpului fizic și continuă să binecuvânteze cu grația divină mii de discipoli din toată lumea. Am înțeles, din proprie experiență, ce voia să spună Ramana înainte de moartea fizică: „Unde să plec, nu plec nicăieri! Voi fi întotdeauna aici". Fiindcă Prezența lui este peste tot și în oricare dintre noi, nu doar în Ashram sau în peșterile în care a stat ani de zile sau pe Arunachala, deși, în mod natural, este mai puternică acolo unde a fost casa lui. Prin grația lui ne inspiră, ne călăuzește, ne ajută să înțelegem că, în esența noastră, suntem conștiința pură, viața însăși, Sinele superior, spiritul, fără început și fără sfârșit. Separarea unii de alții există doar în mintea noastră care creează această iluzie a dualității, sursa întregii suferințe pe care o percepem în viețile noastre ca oameni.

Învățătura lui Ramana, pentru a înțelege cine sûntem cu adevărat, este simplă și accesibilă tuturor, indiferent de pregătire sau religie: autoinvestigația, *self-enquiry*, *vichara*, să medităm asupra întrebării: „cine sunt eu?" Și să rămânem în tăcere, să nu ne răspundem, fiindcă, orice răspuns ne-am da, ar veni din mintea noastră limitată care ne-ar vorbi, cel mai probabil, despre identitatea noastră ca oameni, ne-ar reda povestea de viață. Nu există niciun moment în care suntem altceva decât Eul superior, doar că noi ne identificăm, în mod eronat, cu corpul și mintea noastră, iar această ignoranță este sursa întregii suferințe umane. Ramana ne învață să urmărim acest mic „eu" până se unește cu Sinele, cu Eul superior care este infinit, etern, fără început și fără de sfârșit. În acest fel dispare iluzia separării și ne trezim din așa-numitul «vis al morții». Pentru că, în realitate, fiecare dintre noi este iluminat, doar că nu știe acest lucru, cât timp se identifică cu simțurile, cu corpul, cu mintea, care sunt limitate și iluzorii.

Când am citit povestea lui Ramana, mi-am dat seama că „trezirea" nu este la îndemâna oricui. Mi se părea peste puterile omenești sau, mai precis, peste puterile mele să fac ceea ce a făcut Ramana și, din când în când, îi vorbeam în gândul meu: „atâta pot, acestea sunt limitele mele, iartă-mă Ramana!". Firește, discursul era prostesc și aparține tot minții mele limitate. Fiindcă, dincolo de planul relativ, Ramana sau Isus sau Buda este în oricare dintre noi, Spiritul nemuritor, Conștiința pură. Iar acolo nu există judecăți, nimeni nu este limitat și neputincios. Din momentul în care Ramana îți devine Guru, chiar dacă tu te lepezi de el, el nu te abandonează niciodată. „Acela care se află în gura unui tigru nu poate fi salvat; tot astfel, o persoană care a căzut în grația unui Guru nu poate scăpa de ea"[1], spunea Ramana într-o anumită împrejurare. Pentru că, finalmente, Bhagavan este Gurul interior al fiecăruia dintre noi.

[1] Kunjuswami, *Living with the Master- Reminiscences*, Sri Ramanashramam, 2010, p. 161.

În timpul meditațiilor, mă asaltau pasaje din povestea vieții mele, îndeosebi partea legată de despărțirea de Victor și îmi veneau foarte multe gânduri, însoțite de stări emoționale neplăcute, de care chiar credeam că scăpasem. De fapt, meditam la întrebarea „cine sunt eu, fără povestea vieții mele?". Iar povestea vieții mele, de dată recentă, era legată de abandon, trădare, dezamăgire, tot arsenalul emoțional atașat despărțirii mele de Victor. În filozofia Vedanta, aceste mișcări ale minții care funcționează parcă pe pilot automat sunt numite *vasana* sau *samskaras* în Hinduism, care înseamnă impresiile lăsate de o experiență trecută. Îmi reiau dialogurile cu Ramana. Îi spun că nu-mi vine să cred că am călătorit mii de kilometri ca să-mi găsesc liniștea, dar mintea continuă să-mi fie invadată de aceeași mizerie. La scurt timp, într-una dintre cărțile pe care le citeam, găsesc, în esență, aceeași întrebare pe care unul dintre *devotees* i-o adresa lui Ramana. Iar răspunsul lui este: „Bineînțeles! Mintea scoate la lumină ceea ce se află în întuneric, iar ceea ce se află în întuneric îți face viața mizerabilă! Cum ai vrea să scapi, altfel?". Rămân perplexă! Acesta era răspunsul la întrebarea mea! Din acel moment, am început să fiu mai atentă la mesaje, indiferent pe ce cale veneau.

Prietena mea franțuzoaică a plecat și, câteva zile, nu am vorbit cu nimeni. Mă simțeam însă în contact cu toată lumea.

Începuse să-mi placă din ce în ce mai mult camera în care stăteam. Pe podea este o gresie lucioasă în culorile toamnei. Mi se părea cea mai frumoasă de pe pământ. Am găsit pe un raft deasupra ușii o mătură din fulgi de păun. Am măturat podeaua, apoi am șters-o cu șervețele umede până mi-am văzut chipul ca într-o oglindă. Era un chip mai luminos decât a fost vreodată în hotelurile de 5 stele în care stătusem până atunci.

Iubesc zgomotul junglei, strigătul păunilor, țipetele maimuțelor. De multe ori urmăream maimuțele zburdând printre crengile copacilor sau jucându-se prin Ashram. Puiuții sunt adorabili, jucăuși, răsfățați, se agață de mamele lor, se lasă puricați, sar de colo-colo. Este interesant de urmărit ierarhia din familia de maimuțe, teama de șef, pedepsele în caz de încălcare a regulilor. Fascinant!

Stăteam în Templu alături de mormântul lui Ramana, privind grupurile de indieni. Și simțeam cum valuri de iubire îmi inundau întreaga ființă. Îi iubesc pe acești oameni! Sunt autentici. Sunt pătrunși de evlavie. Și vin acolo să-și venereze Guru, să mediteze, să-și caute liniștea. Înțeleg acum de ce se spune că pentru Est calea spre iluminare este devoțiunea, iar pentru Vest cunoașterea (*self knowledge*).

Femeile poartă sariuri colorate, au părul lung, negru, împletit în cozi. Au iasomie prinsă în păr. Bărbații poartă haine ușoare din bumbac sau o pânză în jurul șoldurilor. Bărbații se întind complet pe burtă atunci când fac o reverență, cu mâinile întinse și împreunate în dreptul capului. Femeile stau în genunchi și își pun capul pe palme. Îi observ și în holul de meditație. Fac reverențe. Meditează. Unii ore întregi. Fără să vreau, mi-amintesc de cererile, fără număr, pe care românii le trimit lui Dumnezeu prin acatiste. Începând de la „slujba fetei și un bărbat bun cu care să se mărite”, până la „să se vindece de cancer” sau „să câștige la loterie”, ca să nu mai vorbim de portofelele cu care ating icoanele sau raclele în care se află moaștele sfinților. Nu îi judec în niciun fel, doar observ această diferență culturală. Căutările sunt identice. Pacea, liniștea interioară. Doar că, în timp ce oamenii din est o caută în ei, cei din vest o caută în afara lor. Confundă plăcerea cu pacea. Pentru că tot ceea ce vine din afară poate furniza doar plăcere. Iar aceasta nu e de durată. E trecătoare și iluzorie. Iar când află că e trecătoare și iluzorie, cei din vest se întorc spre est... în interiorul lor.

Într-una din zile, am urcat pe intrarea din curtea Ashramului spre Arunachala în recunoaștere. Conform legendei, Lordul Shiva, după manifestarea ca o columnă de lumină, s-a înfățișat în forma lui Arunachala spre beneficiul iluminaților și al celor care îl adoră. Mulți sfinți și învățați au fost atrași către Arunachala de-a lungul timpului, printre care Virupaksha Deva, care a trăit în peștera ce îi poartă numele în formă de OM și unde a trait și Ramana Maharshi între 1899 și 1916. Înconjurul muntelui este cunoscut ca *Giri Pradakshina* în sanskrită și *Giri Valam* în tamil. Beneficiile circumvoluțiunii în jurul muntelui sacru Arunachala sunt exprimate chiar de Ramana:

Pra înseamnă eliberarea de păcate, *da* – îndeplinirea dorințelor, *kshi* – eliberarea de naşteri viitoare, iar *na* înseamnă eliberarea prin *jnana* – iluminare.

Am aflat că Inner Path este închisă și că Giripradakshina sau turul muntelui se face pe stradă. Am hotărât să fac Giripradakshina înainte de a urca la Skandashram. Ramana spunea că atunci când mergi în jurul muntelui sfânt Arunachala este ca și „când ai face o călătorie în jurul lumii". Drumul are vreo 14 kilometri și m-am trezit devreme. Deşi este recomandat să mergi desculţ, mi-am pus totuşi nişte adidaşi. Era deja foarte cald, iar traficul nebun, claxoane, autobuze, biciclete, motociclete făceau dificilă călătoria. Trebuia să am grijă să nu intru în coliziune cu vreun vehicul. Și totuși, când am ajuns la Girivalam, unde se deschide o stradă pavată, cu trotuare largi și, spre uimirea mea, chiar treceri de pietoni, traficul s-a liniștit dintr-odată.

Trotuarele erau pline de maimuțe și de așa-numiții *sadhu* în acea zi și așa sunt de regulă. Unii dintre acei oameni se spălau pe dinți, alții făceau rugăciuni în micile lor temple, alții își luau micul dejun. Am observat că cineva le aduce micul dejun într-o ricșă, iar ei se strâng cu niște farfurii de metal în jurul ricșei și își primesc mâncarea.

Pe măsură ce mergeam, eram din ce în ce mai fascinată. Era ca și când aș fi intrat într-un tărâm misterios în care nu știam ce mă așteaptă, dar mă încânta tot ceea ce întâlneam. Girivalam, strada pe care mă aflam, se află parcă într-un tunel de arbori ale căror ramuri se unesc la mijlocul drumului. De o parte și de alta a drumului sunt temple, se aud mantre din interior, se simte mirosul de *incense*. Și mai presus de toate, în partea dreaptă a drumului, străjuiește obiectul adorației mele, Arunachala. Misterios, verde, cu coame blânde, cu o aură de nori răzleți, care sunt repede risipiți de soarele fierbinte deja la primele ore ale dimineții. Fascinația din exterior se mută în interior. Revelații, valuri de gânduri, răspunsuri, noi înțelesuri, toate dau năvală. Este ca și când cineva mi-ar face un duș intern. Cu fiecare pas mă simțeam mai ușoară, mai împăcată, mai goală de amintiri, de *samskaras*.

M-am oprit să-mi cumpăr apă de pe drum de la o tonetă unde vindea o indiancă tânără. Doi băieței de șapte-opt ani se jucau în preajmă. În fața tonetei stătea bunicul, care citea un ziar. Este slab, uscat, cu pielea ca un pergament maroniu. Rupe și câteva vorbe în engleză. Îmi zâmbește cu întreaga față, lăsând să se vadă cei doi dinți rămași. Expresia bunăvoinței, iubirii. Niciun ego. Simplă interacțiune. Am înțeles că toneta includea tot, afacerea de familie și casa. În spate se observă niște paturi și o aplecătoare acoperită cu stuf. Indianca este frumoasă, tonică, are un zâmbet șugubăț. Se apropie o femeie care cerșea, pe jumătate dezbrăcată, cunoscută celor de acolo. Îi dau niște rupii, apoi împart și copiilor și bunicului. Facem fotografii, râdem, ne bucurăm unii de alții.

Au urmat cătunele aglomerate în care mă pierd observând cum conviețuiesc indienii. Le place să stea împreună, cu rudele, cu vecinii, cu animalele. Casele sunt un fel de bordeie de lut, acoperite cu stuf. Văd capre, vaci, câini pe lângă case. Femeile se învârt în jurul ceaunului pus pe pirostrii, unele mulg vaca, altele aprind focul, totul este firesc, de o simplitate primară, parcă mă întorc la origini. Oamenii se mișcă în ritmul vieții, ca și când nu au altceva de făcut decât să trăiască. Oamenii aceștia se iubesc, se ajută, trăiesc împreună, îmi trece prin minte... Nu cred că ar înțelege ritmul vieții vesticilor, întotdeauna ocupați, stresați, în competiție unii cu alții și mai ales cu ei înșiși.

Chiar dacă în trafic par grăbiți, parcă aleargă undeva, indienii sunt atenți unii la alții. Am realizat că acel claxonat continuu e, de fapt, un semnal: „sunt aici, sunt aici!". Mă duce gândul la regulile noastre de circulație, sute de articole, legi complicate și totuși atât de multe accidente! Indienii nu se gândesc la reguli, sunt atenți la oameni: „sunt aici, sunt aici!" vrea să spună fiecare claxon. Și am convingerea că, fiind atenți să protejeze oamenii, și nu regulile, numărul accidentelor este mult mai mic.

M-am apropiat de oraș, în zona aglomerată. Zgomotul și forfota mulțimii devin infernale. Motociclete, autobuze, biciclete, ricșe, amestecate cu precupeți, copii care merg la școală, oameni care merg la temple, locuitorii care merg la treburile lor, cerșetori și oameni sfinți mișună peste tot, alcătuind un peisaj colorat, zgomotos, dinamic. Spre surprinderea mea, rămân calmă, senină. Mă strecor prin mulțime. Trec de marele Templu. Am ajuns la Ramanashramam în 3 ore.

Deși nu-mi propusesem, peste două zile m-am trezit cu nevoia acută de a face din nou Giripradakshina. Alte mișcări interioare, alte revelații, alte uși deschise spre conștient. Remarcam subtilitatea procesului. Totul se întâmplă gentil, fără șocuri, în același ritm cu nivelul conștiinței mele din acel moment.

Și, din nou, simt chemarea lui Arunachala. Fac al treilea tur cu o zi înainte de a pleca din Tiru. Ulterior, am citit undeva că, dacă ai făcut o dată turul muntelui sfânt Arunachala, te invită din nou, până când îți cureți karma. Și pe mine m-a chemat. Și continuă să mă cheme.

Între timp, am urcat pe Arunachala la Skandashram, unde Ramana petrecuse vreo șapte ani după ce s-a mutat din Peștera Virupaksha. Muntele se poate urca cu piciorul gol, este primitor și lipsit de pericole. Fiecare piatră e atinsă de grația divină. Vegetația, culoarea roșiatecă a pietrelor, fluturii care zboară pe lângă tine, maimuțele care-ți ies în cale și te privesc curioase, totul este îmbietor și te simți ca pe un tărâm de basm. Pe aleea care urcă la Skandashram există, la un moment dat, o deschidere de pe care se vede orașul și marele Templu în centru. Uneori se aude slujba sau mantra OM și de acolo, din brațele lui Arunachala, simți cum greutatea lumii își pierde semnificația, iar micul „eu" pare de negăsit în acea armonie a prezentului, în care totul este simplu, perfect, așa cum trebuie să fie.

Pe drumul spre Skandashram am cunoscut un puști de vreo 15-16 ani, pe care îl cheamă tot Arunachala. Vorbește engleză și mă fascinează cu privirea lui adâncă, plină parcă de misterele și sfințenia muntelui pe care s-a născut și a crescut. Mi-a arătat drumul către Peștera Virupaksha. Tatăl lui vinde suveniruri făcute din piatră chiar pe aleea dintre Skandashram și Virupaksha. Tânărul Arunachala a fost și ghidul meu către vârful muntelui în următoarea mea călătorie în Tiru.

Am petrecut ceva vreme meditând în Skandashram, apoi în Virupaksha. Aici am simțit ceva ce nu am mai simțit în niciun alt loc. O pace profundă, o liniște adâncă. Nu mi-am simțit corpul o lungă perioadă de timp. Doar spațiu, liniște. Gânduri puține. N-aș fi vrut să mai plec. Am plecat totuși după câteva ore, când corpul amorțit a revenit în atenție. Pluteam... Am rămas o vreme într-o stare contemplativă, în fața peșterii. Liniștea din mine, din afara mea era aproape palpabilă. Și așa am simțit ori de câte ori am revenit în acea peșteră. Și nu doar eu, și alții descriu la fel energia percepută în acel loc. În acea peșteră, pe lângă anii petrecuți acolo de Ramana, se găsesc și rămășițele pământești ale unui alt sfânt, Virupaksha. Dar eu nu știam atunci.

Într-una dintre camerele vecine din bungalow stătea o doamnă elegantă, pe care o văzusem de multe ori prin Ashram. Era din Noua Zeelandă și venea frecvent în Tiru. „Se pare că învăț greu...", mi-a spus în glumă. Am vrut să-ți spun că mi-a lipsit figura ta radioasă ieri...". Nu credeam că mă observase cineva prin Ashram. Dar petrecusem, într-adevăr, ziua anterioară la Virupaksha. Înainte de plecarea din Tiru, mă întrebam ce cărți să-mi mai cumpăr din librăria Ashramului. Am revăzut-o pe distinsa mea vecină. A venit hotărâtă spre mine și mi-a arătat o carte: *Direct Teaching of Bhagavan Ramana*, scrisă de V Ganesan. Mi-am amintit că autorul este nepotul lui Ramana și am cumpărat-o imediat. Incredibil! *Effortless*!

Într-o seară când ploua torențial, în timp ce eram înecată în lecturile mele despre Ramana Maharshi, am auzit niște bătăi în geam. Am tresărit și m-am precipitat spre ușă. Era o femeie de aproximativ 40 de ani. Mi-a spus că e irlandeză și că abia a ajuns. M-a întrebat de ce nu e apă, fiindcă vine de pe drum și are nevoie să-și facă un duș. Am constatat că, într-adevăr, nu curgea apă la robinetele din baie și am sfătuit-o să încerce robinetul de *solar water*. Curgea. Ce ușurare pe biata femeie! O înțeleg, dar trebuie să aibă răbdare fiindcă apa e clocotită. Peste câteva minute s-a întrerupt curentul. M-am gândit cu compasiune la ea... și la primele mele zile în Ashram.

Ne-am revăzut a doua zi, venea de pe Arunachala, fusese la Virupaksha și urma să mai rămână vreo două zile. Mi-a mulțumit. Ne-am îmbrățișat. Uniune. Iubire. N-am făcut schimb de telefoane, adrese. Nu ne-am propus să rămânem în contact. Eram deja.

Ultima zi în Ashram. M-am trezit la prima oră și am participat la slujbe, am meditat în hol și pe o stâncă de pe

Arunachala. Trebuia să plec pe la 3 dimineaţa din Tiru pentru a fi la timp în Chennai. Bagajele erau pregătite.

Ultima seară. Stăteam în faţa templului unde cânta corul de femei şi bărbaţi, *Arunachala Shiva, Arunachala Shiva*... Totul părea încremenit în acel moment. Atmosfera era impregnată de graţie divină. O simţeam aproape fizic. Mă temeam să fac vreo mişcare, ca să nu stric ceva. Am observat un câine care stătea nemişcat în faţa Templului. Parcă medita. Nu reacţiona nici când copiii din cor îl mângâiau. Am intrat în vorbă cu un bărbat care stătea rezemat de zid lângă mine. Era regizor în Los Angeles şi venise doar pentru două zile, însă au trecut şapte. Ne-am zâmbit. Înţelegeam amândoi ce voia Ramana să spună: „Unde să plec? Nu plec nicăieri!" Bhagavan este acolo!

Am plecat în acea noapte cu multe lecţii învăţate în mai puţin de două săptămâni, mai limpede, mai împăcată. Drumul mi s-a părut uşor, nu am obosit, nu m-am plictisit. Am trăit fiecare moment, aşa cum era el.

Deşi nu-mi propusesem să revin în India, mi-am comandat bilet de avion în mai puţin de trei săptămâni de la întoarcerea în Bucureşti. Următoarea călătorie către Tiru a fost la sfârşitul anului 2012.

La sosirea în Chennai m-a aşteptat, de această dată, amicul meu Faiz, care ţine un shop în apropierea Ashramului şi de la care cumpărasem şaluri, obiecte de îmbrăcăminte şi un aşa-numit *meditation bowl* la ultima vizită. Am rămas în contact de atunci, pe facebook sau chiar la telefon și, cum avea treabă în Chennai, s-a oferit să mă ia și pe mine de la aeroport.

De această dată, am locuit în Lakshmi Residency, foarte aproape de Ashram, unde aveam apă caldă și nu se întrerupea curentul. De fapt, stăteam într-un fel de apartament cu camera de zi în care era și un televizor, bucătărie, baie și terasă. Nu am deschis niciodată televizorul și nu am gătit. Mi-am umplut frigiderul de sticle cu apă și papaya și mâncam pe unde apucam, în Ashram, la restaurantele din preajmă sau chiar pe stradă, acolo unde se făceau tot felul de gogoșele cu legume, banane, ardei iute, care se serveau în hârtie de ziar. După ce am eliminat ideea că mă îmbolnăvesc de hepatită sau alte boli exotice, mi-au plăcut la nebunie gogoșelele făcute în ulei încins chiar în fața mea.

Apoi i-am regăsit pe prietenii mei, un cuplu de indieni, care vând fructe și „fresh papaya", în același loc, fericiți să mă revadă. Uneori, seara, când eram sub asaltul țânțarilor, mergeam și le dădeam cu spray ca să-i protejez, spre amuzamentul lor, care conviețuiesc cu țânțarii fără probleme.

Am intrat în curtea Ashramului cu același sentiment cu care intru în propria casă. Se sărbătorea ziua lui Ramana și templul era îmbodobit cu flori, iar în curtea laterală din partea stângă a clădirii în care se servea masa se ridicase un cort pentru ca toți oaspeții să fie hrăniți. Curtea era plină de *swami* sau *sadhu*, care, de regulă, sunt primii hrăniți în Ashram. Maimuțele se hârjoneau peste tot, păunii țipau din când în când. Iar în spate, maiestuos, copleșitor, divin, se arăta Arunachala. Am avut sentimentul că nu am plecat niciodată. Și, într-un înțeles adânc al lucrurilor, așa și era. Chiar Ramana, răspunzând unei femei care se plângea că locuiește departe și nu poate beneficia de grația lui Bhagavan, așa cum și-ar dori, spune: „...tu nu pleci nicăieri... În fapt, tu nu ești corpul tău. Spiritul nu se mișcă, ci lumea se mișcă în el. Tu ești ceea ce ești. Nu se schimbă nimic în tine. Așa că, chiar după ce se întâmplă ceea ce arată ca plecarea de aici, tu ești aici și acolo și peste tot. Aceste scene se schimbă. Cât despre grație, aceasta este în interiorul tău. Dacă este externă, nu are nicio utilitate. Grația este Spiritul. Tu nu ești niciodată în afara ei. Grația este întotdeauna acolo".

În această a doua vizită, m-am simțit foarte ușoară, aproapă goală de amintiri, conectată la grația locului și plină de energie. Aș fi umblat și noaptea. Ceea ce am și făcut, fiindcă în noaptea dintre anii 2012-2013 am făcut Giri Pradakshina împreună cu Faiz, care s-a oferit să mă însoțească. Mi-a fost milă de bietul om, era fără vlagă la sfârșitul călătoriei și a mai suferit câteva zile din cauza febrei musculare.

Chiar și revelațiile parcă au fost altele decât la prima călătorie. Într-una din zile, când am întâlnit o femeie indiancă pe aleea care ducea către Skandashram, în momentul în care i-am pus câteva rupii în mână, am avut un sentiment profund de recunoștință că nu eram eu cea cu mâna întinsă. Chiar dacă, în înțelesul adânc al lucrurilor, gestul de a ajuta o altă ființă funcționează în dublu sens, fiindcă dai și pentru tine, nu realizasem, până atunci, ce privilegiată eram fiindcă trăiam experiența celui care dă și nu a celui care cere. Priveam acest lucru ca un dat și nu mulțumisem niciodată pentru el.

A doua zi, pe 1 ianuarie, m-am trezit devreme, fiindcă aranjasem cu prietenul meu Arunachala să mergem pe vârful muntelui. Am pornit de la Skandashram cam pe la 7 dimineața. Știam că e un urcuș de vreo trei ore. Deși, de la distanță, urcușul pare lin, în realitate, fiecare pas e ca și când ai urca 3-4 trepte deodată. Soarele începuse deja să se ridice și căldura făcea și mai dificilă escaladarea. În timp ce noi urcam, alții, care petrecuseră noaptea dintre ani pe vârful muntelui, „la picioarele lui Shiva", coborau. Mi s-a părut că ar fi extraordinar să petrec și eu o noapte acolo, dar, până acum, nu s-a întâmplat încă.

În orice caz, oboseam repede și ghidul meu îmi ordona să mă odihnesc frecvent și să mă hidratez. Puștiul știa bine cărările cele mai accesibile și are multă experiență ca ghid, chiar dacă este foarte tânăr. Ne opream des să ne odihnim, să facem fotografii, să ne hidratăm. Spre vârf, urcușul mi s-a părut și mai dificil. Peretele muntelui devine abrupt și simțeam oboseala. Mi se părea că nu mai am putere să ajung. Vedeam niște maimuțe făcând salturi uriașe și parcă eram într-un ținut straniu. Un cuplu de germani ne-a prins din urmă. Soțul era la a doua experiență de acest fel.

„Niciodată nu știi la ce să te aștepți pe acest munte!", a spus. Și nu se referea la accidente...

Dintr-odată, ne-am trezit în vârf. Ne-am descălțat. Am simțit cum mi se lipeau tălpile de stâncile pe care era ceva ca o smoală neagră. Imediat am fost preluată de Prabu, un tânăr indian, care părea un fel de stăpân al locului și care m-a condus acolo unde îngenunchezi la picioarele lui Shiva. Locul este marcat de un aranjament floral în interiorul căruia se află niște vase mici din lut în care este praf sfânt. M-am așezat în genunchi și, urmând instrucțiunile lui Prabu, mi-am lipit fruntea de acel loc. Fulgerător, figura lui Bhagavan Ramana mi-a trecut prin fața ochilor. În acel moment îmi rula în cap întrebarea: cine sunt eu, cine sunt eu? Și în fracțiuni de secundă am primit răspunsul: „nu există nimeni care întreabă!" Am înțeles atunci, acolo, la picioarele lui Shiva, că este complet irelevant cine sunt eu, întrucât nu există nimeni care să întrebe. Cel care întreba și cel care răspundea se contopiseră. A fost una dintre cele mai puternice revelații pe care le-am avut și chiar dacă, ulterior, a rămas cumva ca o înțelegere la nivel intelectual, acest adevăr revelat acolo, pe vârful lui Arunachala, revine în conștientul meu de câte ori mă predau în mâinile sorții, în experiențele cu care mă confrunt ca ființă umană.

A urmat o vizită la Fortul Gingee, situat pe drumul spre Chennai, la vreo 30 de kilometri de Tiru. Șoferul meu, Anand, vorbea engleză cât să-mi transmită câteva instrucțiuni în legătură cu vizitarea Fortului. Am ajuns primii și, în așteptarea cuiva care să deschidă poarta, Anand mi-a arătat câteva construcții din preajmă, inclusiv o piscină a elefanților. Eram fascinată de arborii exotici din preajmă, cu rădăcini spectaculoase. Mai văzusem unii asemănători în Hawaii și Buenos Aires.

Am fost prima, în acea dimineață, care intra pe poarta Fortului. Urcușul până la citadela din vârf durează cam o oră - o oră și jumătate. O parte din urcuș se face pe trepte, dar apar platouri de pe care poți admira împrejurimile. Ți se taie respirația! Se văd în zare lacuri, culturi de orez, palmieri, arbori exotici și de pe o latură a Fortului se zărește silueta sacră a muntelui Arunachala. Urcând pe lângă zidurile Fortului, am ajuns la o porțiune care ocolește zidul înalt printr-o pădurice plină de maimuțe. În vale lucea apa unui lac. După colț, am intrat printr-o poartă într-o altă latură a Fortului, alte trepte, unele abrupte, și în sfârșit am ajuns în vârf. Am trecut printr-o alee cu iarbă înaltă prin care foșnea ceva, mi-am închipuit că sunt șerpi. Am trecut pe lângă ruinele unui templu și am ajuns la citadelă. Am urcat până în vârful citadelei înconjurat de o terasă micuță, de unde poți vedea împrejurimile spectaculoase de jur împrejur. Am rămas o vreme admirând din înălțimi frumusețea nesfârșită a locului, am meditat, am făcut fotografii, chiar am filmat. Mi s-a părut că întreaga experiență a fost ca și călătoria mea prin viață. Singură, fără teamă de necunoscut, dimpotrivă, îmbrățișând frumusețea spectaculoasă care se dezvăluie urcând neobosit, până când atingi claritatea a tot ceea ce există de jur împrejur...

La întoarcere, am întâlnit o familie cu copii care vorbeau în franceză. Au trecut indiferenți pe lângă mine. Mai jos, am dat de un grup de copii indieni, însoțiți de profesoara lor care râdeau fericiți că mă întâlnesc, au vrut să facem fotografii și s-au extaziat când s-au văzut pe cameră. La ieșire, un cuplu tânăr se giugiulea pe trepte. Bărbatul mi-a spus că tânăra, pe care o privea ca pe un obiect prețios, este soția lui și m-a rugat să le fac o fotografie. Ea era puțin stânjenită, dar a pozat cuminte în îmbrățișarea soțului. Imaginea a rămas în camera mea, dar nu contează. Lui i s-a părut un gest de iubire, de celebrare a frumuseții ei, iar eu l-am admirat pentru acesta.

Au urmat și alte Giripradakshine, alte meditații în Virupaksha și Ashram și timpul a zburat ca și când aș fi clipit. Trebuia să mă întorc. Mi-am luat rămas bun de la noii mei prieteni și am plecat spre cealaltă casă a mea, România.

Am revenit în Tiru după fix un an, pe 28 decembrie 2013. De această dată m-a așteptat la aeroportul din Chennai noul meu prieten, Palani. Ne-am cunoscut pe facebook. Palani este un tânăr inginer, foarte educat, vorbește o engleză impecabilă și, mai presus de orice, este discipolul lui Ramana Maharshi. Deși este crescut în filozofia Vedanta și a citit mult despre cine suntem noi cu adevărat, inclusiv autorii vestici, Eckhart Tolle, Jeff Foster ş.a., Palani susţine că toată această cunoaştere a rămas la nivel intelectual şi că mintea lui este superactivă, se identifică cu limitele ei şi reacţionează în consecinţă. Cum în Tiru vin sau trăiesc mulţi învăţaţi, în căutare de inspiraţie şi graţie divină, Palani i-a întâlnit pe David Godman şi Jung Reinchard, dar a fost atras şi de discuţiile cu mine. Mi s-a părut că ar fi potrivită folosirea tehnicilor Metodei Sedona, mai ales că Palani tocmai se confrunta cu o situaţie neplăcută, şi am avut o sesiune cu el pe Skype înainte de a ajunge în Tiru.

Palani m-a condus la locuinţa lui, unde i-am cunoscut familia şi am băut o cafea înainte de a pleca spre Tiruvannamalai. Ce mi s-a părut interesant a fost că, la etajul unde era situat apartamentul lui Palani, mai erau câteva apartamente şi toate cu uşile deschise. Am înţeles că ei convieţuiesc cu vecinii ca în familie. Şi am realizat ce diferenţă culturală faţă de vest, unde oamenii ridică ziduri între proprietăţi şi nu numai, se judecă pentru o palmă de pămînt sau, deşi vecini, nici nu se salută. Să fie un simptom al ideii de separare creată de mintea duală, respectiv de unitate reflectat de conştiinţa universală? Este estul mai evoluat decât vestul, deşi atât de sărăcăcios în aparenţă? Pare o întrebare retorică.

Am ajuns în Tiru în jurul prânzului, fără bagajul de cală, care se rătăcise pe undeva. Trebuia să-l primesc a doua zi. M-am cazat, de data aceasta, la Ramana Towers, unde urma să rămân o vreme, fiindcă aveam o rezervare şi la Sparsa Resort spre sfârşitul intervalului. Apartamentul este curat, spaţios, cu o cameră de zi, dormitor, baie, bucătărie şi mai ales vedere la Arunachala. Ah, ce desfătare, ce privilegiu ca printre primele imagini în zori să vezi silueta sfântă a muntelui! Iar, seară de seară, o voce de copil se aude cântând în depărtare.

După ce mi-am achiziţionat îmbrăcăminte adecvată de la micile *boutique*-uri din apropiere, am alergat, încărcată de dor și emoție, către Ramanashram. I-am revăzut în drum pe prietenii mei, vânzătorii de papaya, în fața Ashramului câțiva străini beau ceai de ginger sau lapte de cocos, totul pare neatins de la ultima mea vizită.

În curtea Ashramului îmi dau lacrimile de bucurie. Mă simt binecuvântată. Văd arborele maiestuos, silueta unui vârf de munte care străjuiește partea din spatele Ashramului. Intru cu inima bătând în Templu, văd chipul iubit al lui Ramana, fac de câteva ori turul altarului unde este înmormântat corpul lumesc al lui Bhagavan Ramana. Apoi, cu permisiunea celor care administrează Ashramul, merg la masa de prânz. Mi-am dorit să intru în Dining Hall mai mult decât să mănânc. Spre bucuria mea, am găsit un loc în partea veche, unde chiar Ramana mânca împreună cu discipolii săi.

Imediat după prânz, m-am grăbit să fiu printre primii care intră în „Meditation Hall". Am făcut o reverență și, în timp ce treceam prin fața lui Ramana, m-a surprins zâmbetul lui larg și i-am zâmbit și eu, fracțiuni de secundă uitând că era chipul lui într-o fotografie. Era oare?

Imediat ce mi-am recuperat bangajul de cală, primul drum l-am făcut pe Arunachala. Cumpărasem niște suveniruri pentru puști și familia lui. Arunachala mi-a ieșit în cale. A crescut, s-a înălțat, este aproape cât David. Urmează un Colegiu acum și este fericit că mă vede. Tatăl lui este în același loc, rezemant de același arbore și înconjurat de grupul de maimuțe pe care îmi plăcea să le hrănesc cu biscuiți. Mama lui Arunachala a venit și ea să mă cunoască. Este veselă, râde, ne îmbrățișăm.

Mă grăbesc să intru în Virupaksha. Plutesc. Peștera e aproape goală. Urc lângă lingam. Și mă cufund în liniștea ființei mele. Gânduri. Mai vin, mai pleacă... sunt mișcări la suprafață, nu mă definesc, sunt efemere, neimportante...

Zilele următoare l-am căutat pe Anand, fiindcă aș fi vrut să vizidez Pondicheri. Este un orășel situat pe malul oceanului Indian, în partea de sud-est, la aproximativ 100 de kilometri de Tiru. Nu dau de el, răspunde un robot. O las baltă și îmi văd de programul meu neprogramat. Anand mă caută la hotel. Habar n-am cum a aflat unde stau. Nu-i lăsasem niciun mesaj. Aranjăm plecarea către Pondi pentru a doua zi.

Am vizitat întâi Auroville, un așezământ experimental dedicat ideii de unitate a umanității, în care bărbați și femei de diverse naționalități trăiesc în armonie, dincolo de bariere religioase sau politice. Într-un parc uriaș există o construcție ca o bilă rotundă de culoare aurie, numită Matrimandir. Drumul până la locul din care poți admira construcția este spectaculos, treci printre alei cu flori și vegetație exotică, există 12 tablouri cu flori, fiecare cu un mesaj spiritual, ajungi la un copac uriaș ale cărui ramuri sunt sprijinite pe copiii lui, copaci la rândul lor împrăștiați protector pe zeci de metri distanță de copacul părinte și pe lângă sătucul cu bungalow-uri în care trăiesc oaspeții acelui așezământ. Văzusem de multe ori imagini cu Auroville pe internet și mă aflam acolo, la fața locului, cum ar spune un avocat. Eram eu la fața locului sau invers? Poate doar conștiința mea era focalizată pe acea imagine?

Am ajuns în Pondichery, așa-zisa «Rivieră Indiană», ca urmare a faptului că orășelul a fost colonie franceză și se simte încă influența în arhitectură, restaurante, shops. Am făcut un tur de oraș și o scurtă vizită la plajă. E vânt, valurile sunt nervoase, se izbesc violent de țărm, apa are culoarea gri. Pe plajă, sunt grupuri de indieni, bărbați și femei care poartă sari-uri roșii, ca și când ar veni de la vreun templu. Sunt și multe tonete cu mâncare indiană și suveniruri. În Pondi am vizitat rapid și Ashramul Aurobindo și am revenit în Tiru.

Ultima zi din anul 2013 am petrecut-o în meditație. La miezul nopții s-au auzit niște focuri de artificii undeva în depărtare. În Tiru sunt mulți străini și, din câte am aflat, era și un party undeva în oraș. Am vorbit cu copiii și am primit câteva mesaje de felicitare. Au fost singurele semne care mi-au amintit de faptul că timpul este numerotat și tocmai treceam într-un alt an.

M-am trezit devreme pe 1 ianuarie 2014 și am plecat pentru Pradakshina. Ușoară, fără prea multe gânduri, dar și fără să le dau atenție celor care veneau. Mi se spunea, din când în când, *Happy New Year*! M-am oprit în fața templelor și am meditat la expresia „sunt conștiință pură", inspirată de interviurile lui Papaji pe care tocmai le citeam. La un moment dat, m-am trezit cu doi căței cu blana gălbuie care au sărit bucuroși pe mine, se gudurau, m-au apucat gentil cu dinții de haine, păreau fericiți că mă văd. După care au început să latre agresiv la niște *sadhu* din preajmă. Straniu! Dar reacția lor mi-a produs și mie bucurie. În fond, n-are nicio importanță cine te întâmpină cu drag.

M-am apropiat de oraș și am observat cum o motocicletă pe care se află o fetiță cu tatăl ei s-a oprit lângă mine. Fetița mi-a zâmbit, mi-a oferit o bomboană și mi-a spus: *Happy New Year*! Ce căi misterioase are Universul de a ne oferi tot ceea ce avem nevoie la momentul potrivit?

De câteva ori m-a căutat la hotel Prabu tânărul pe care îl cunoscusem pe vârful muntelui cu un an înainte. Știam de la micul meu prieten că Prabu a avut un accident la picior, chiar pe munte și nu mai urcă pe vârf. Mi-am amintit că Prabu, deși nu a atins banii pe Arunachala, ulterior m-a căutat la Ashram și a insistat să-i dau *big money*, promițând că face nu știu ce lucrări la coliba de pe munte sau nu știu ce ritual pentru mine și familia mea. În fine, nu mi-a plăcut presiunea pe care a pus-o pe mine atunci, dar i-am dat nişte bani. Când micul meu prieten Arunachala mi-a povestit despre accidentul lui Prabu, am spus: „E o persoană rea, nu-i aşa?" Iar puştiul mi-a răspuns senin: „Nu e o persoană rea, are doar o gândire proastă!" Ce lecţie simplă!

Cert este că Prabu care urca în vârful muntelui ca o panteră a fost refuzat de Arunachala la un moment dat. El însuşi mi-a povestit că i-a căzut o piatră pe picior şi i l-a zdrobit. A fost internat în spital, a avut dureri mari. Admite, cu seninătate, că aşa a fost voia lui Shiva. Nu am vorbit prea mult şi nu mi-a mai cerut bani, de această dată.

Prima sâmbătă din 2014 am petrecut-o împreună cu amicul meu Palani, care a venit în Tiru. Avea programată şi o întâlnire cu Jung Reinchard, a cărui siluetă translucidă, aproape ireală, o zărisem şi eu, de câteva ori, în holul de meditaţie.

Îi pregătisem lui Palani un exerciţiu de eliberare din Metoda Sedona şi am mers pe Arunachala pentru a-l practica. Din compasiune. Graţia lui Arunachala era de ajuns, dar amicul meu suferea şi doream să-l ajut. Palani, urmărind vocea mea, a intrat imediat în stare, a devenit prezent şi a lăsat emoţiile legate de problema lui să iasă la suprafaţă şi să se disipeze. La sfârşit descrie starea de linişte, de spaţiu deschis, de inimă uşoară. Îmi pune întrebări şi înţelege perfect cum lucrează emoţiile noastre şi cum trebuie să lucrăm noi cu ele ca să nu ne lăsăm controlați și atât de lipsiți de speranță în fața circumstanțelor vieții. Revine repede la frământările lui.

Ne-am întors în Ashram și facem circumvoluțiuni în jurul altarului, în așteptarea prietenului său înțelept. Palani a învățat de la acest domn că trebuie să se concentreze mai mult pe spațiul dintre gânduri și să încerce să-l extindă. Prin acele portițe va face loc conștiinței sau, cel puțin, mintea cea haotică va slăbi controlul. M-a întrebat și pe mine dacă nu vreau să discut cu acest învățat. Nu, nu simt nevoia. Mi-ar da sugestii din propria experiență. Spiritualitatea este o călătorie internă privată. „Deja am un Guru...", îi spun lui Palani, zâmbind. Înțelege și-mi dă dreptate. Crede că și eu știu ce știe dl. Jung, doar că am ajuns la această cunoaștere pe altă cale. Îi repet lui Palani să nu uite cât e de prețios, că nu are nevoie de nimeni și de nimic să-l completeze, că va trebui să-și accepte emoțiile, oricât ar fi de neplăcute, fiindcă doar așa se poate elibera de ele. Îi dau câteva CD-uri cu exerciții de *releasing* cu Hale Dwoskin. Ne luăm rămas bun și Palani pleacă spre casa lui din Chennai.

În toată perioada m-am distrat hrănind maimuțele în curtea Ashramului, pe munte sau pe stradă. Nu există ceva mai amuzant! Îți iau biscuiții din mână, ba pot să-ți smulgă tot pachetul sau chiar rucsacul, dacă nu ești atent. Dacă ascunzi pachetul, te țin de braț și se uită insistent în ochii tăi. Dacă nu te ajută cineva, n-ai nicio șansă. Trebuie să scoți pachetul. Maimuțele mestecă repede biscuiții pe care îi depozitează în niște buzunare laterale în dreptul gâtului, pentru a-i savura mai târziu, în liniște. Există o ordine precisă în comunitatea maimuțelor. Dacă vine șeful, el trebuie hrănit primul, fiindcă celelalte maimuțe nu îndrăznesc să se apropie. Iar dacă eu încalc regulile și hrănesc o altă maimuță înaintea șefului, este certată imediat și chiar pedepsită.

După prima săptămână, m-am mutat în Sparsa, un resort foarte frumos situat în apropiere de Girivalam, dar aflat la vreo 4 kilometri de Ramanashram.

Resortul are bungalow-uri amplasate printre banani, palmieri și alte plante exotice, piscină, un magazin cu suveniruri, spa, locuri de yoga și meditație, restaurant și mai ales o terasă de pe care se vede Arunachala. Bungalow-ul în care stau arată senzațional! Mobilier vintage, lumini discrete, piatră, gresie, lemn, totul cât se poate de romantic, cosy.

În grădina resortului se aude discret muzică relaxantă din niște difuzoare plantate peste tot, iar seara aleile sunt luminate cu felinare discrete. Câteodată cineva cântă la flaut. Locul are un farmec incredibil! Dar nu am stat decât foarte puțin acolo, fiindcă în fiecare zi m-am întors la Ramana Ashram, am mers la Virupaksa sau în Giri Pradakshina.

Nu de puține ori, mi-a trecut prin minte că am locuit acolo, lângă Arunachala. Pe lângă faptul că mă simt acasă, cu mulți ani în urmă, când nu obișnuiam să meditez, poziția mea cea mai odihnitoare era totuși cea cu picioarele încrucișate sau în lotus, ca pentru meditație. Apoi, îmi place să mănânc cu mâna, iubesc să umblu desculță, să fac focul la vatră și, mai ales, iubesc indienii din India și țiganii mei din România.

Într-una dintre circumvoluțiunile în jurul muntelui sfînt, m-am gândit că ar fi bine să mă rog la Arunachala să scap pentru totdeauna de amintirile care nu-mi plac, de emoțiile care mai ies din când în când la suprafață, mai ales cele legate de despărțirea de Victor și de suferința lui David, care parcă se accentuează cu trecerea anilor, în loc să se diminueze. Imediat, un mesaj subtil și-a făcut loc în conștientul meu: te rogi la Tine (*the Self*) să scapi de tine (ego). Am zâmbit în sinea mea. Mi-am dat seama că nu am nicio scăpare. Trebuie să-mi asum întreaga responsabilitate pentru starea mea de spirit. Oricare ar fi ea. În fond, oamenii, evenimentele și tot ceea ce se întâmplă în viața noastră nu au altă semnificație decât cea dată de mintea noastră. Viața se întâmplă așa cum se întâmplă. Unul dintre discipolii lui Ramana care suferea pentru că-și pierduse copilul l-a întrebat: „Să accept că a fost voia lui Dumnezeu? Cine este acest Dumnezeu?" Iar Ramana i-a răspuns, într-un târziu: „Ceea ce este, este Dumnezeu!".

Am rămas o vreme pe stânca de pe care se vede Templul Arunachaleswara și am reflectat la schimbările pe care le-am trăit după plecarea lui Victor. Mi-am amintit cât de dificilă a fost reconectarea la o altă realitate sau resetarea la o altă perspectivă asupra vieții și cât de ușor ar fi fost să las egoul să-mi întrerupă călătoria spre lumină. Nu pot să stabilesc un set de reguli pentru a fi urmate de cineva într-o situație asemănătoare. Pentru că realitatea este că eu nu am urmat nicio regulă. Pur și simplu, m-am abandonat în mâinile sorții. *Surrender* ar spune Eckhart Tolle. Sau mi-am urmat ghidul interior.

După o astfel de traumă, te simți ca și când ai fi aruncat într-un hău. Nu vezi „luminița de la capătul tunelului", te zbați să ieși, dar nu știi în ce direcție, iar, de multe ori, cel mai simplu pare să lași hăul să te înghită. Se întâmplă câteodată să auzim la știri că cineva s-a sinucis din dragoste sau că a murit de dorul cuiva drag plecat mai devreme dintre cei vii sau că s-a stins după ce s-a îmbolnăvit, fiindcă nu și-a revenit niciodată după pierderea cuiva drag. Ceea ce am înțeles însă, zbătându-mă în acel hău, este că nu eu mă zbăteam și că, de fapt, nu era nevoie să mă zbat să ies din întuneric, fiindcă fusesem tot timpul în lumină. Era doar egoul muribund, care se lupta să supraviețuiască. Și cu care mă identificasem în tot acest amar de ani. Iar în cazul în care egoul nu este atât de distructiv încât să conducă la dispariția corpului fizic, cea mai comună formă de supraviețuire este să te transforme în victimă, cu reversul său – agresorul răzbunător, ceea ce te ține tot în hăul întunecos.

Trezirea la noua „realitate" nu s-a produs, în cazul meu, dintr-odată. A fost un proces care încă își urmează cursul, pe care, în esența lui, l-am descris în această carte. Practic, a fost ca o deschidere a unei noi dimensiuni emoționale în care am lăsat viața să se trăiască pe ea însăși. Iar în această stare de acceptare, ajutorul cel mai potrivit a venit de la sine. Așa m-a găsit Metoda Sedona pe mine, și nu eu pe ea, exact la momentul în care aveam cea mai mare nevoie. Prima lecție pe care am învățat-o folosind această tehnică a fost că viața nu poate fi controlată, dar că poate fi învestită cu încredere. Pe peretele casei mele, imediat cum se intră pe ușă, este o tăbliță din lemn pe care există o inscripție cu așa-numita *Serenity Prayer*: *„God, grant me the serenity to accept the things I cannot change, the courage to change the things I can and wisdom to know the difference"*, tradusă în română: „Doamne, dă-mi Seninătatea să accept lucrurile pe care nu pot să le schimb, Curajul să schimb lucrurile pe care pot să le schimb și Înțelepciunea să cunosc diferența". Este o tăbliță cumpărată dintr-un magazin de suveniruri din Brighton, într-o vară, în perioada când am locuit în Marea Britanie. Abia aproape 10 ani târziu am înțeles că *wisdom to know the difference* înseamnă să accepți ceea ce-ți aduce viața și să schimbi ceea ce poți să schimbi pornind din acest loc: al acceptării.

Numai ieșind din rezistența la ceea ce mi se întâmpla, am început să *let go* atașamentul față de Victor și să apreciez farmecul și miracolul vieții fără el. Chiar fără să-mi propun în mod particular, m-am eliberat și de efortul pe care-l depuneam în cariera mea, ceea ce a permis apariția unor alte oportunități de exprimare în acest plan, la care nici nu aș fi îndrăznit să visez înainte. Tot de la sine, s-au disipat temerile legate de bani sau de presiunea crizei economice asupra businessului din care-mi câștig traiul de zi cu zi. Spaima de singurătate s-a transformat în bucuria nesfârșită a propriei companii, nevoia de a fi iubită s-a transformat în iubire necondiționată față de alții, panica în fața problemelor de zi cu zi s-a transformat în imperturbabilitate. Odată cu temerile, au încetat și dorințele. Încet-încet am înțeles că o inteligență nesfârșită îmi poartă de grijă și că nu trebuie să fac nimic mai mult pentru această favoare: decât să fiu.

Trimit un gând de recunoștință către Victor. Plecarea lui din viața mea, cel puțin ca prezență fizică, m-a făcut să experimentez emoții atât de intense, pe care nu le mai trăisem niciodată. Și, paradoxal, când credeam că o să mor fără el, am descoperit că trăiesc în cel mai autentic mod cu putință, că sunt întreagă și că nu există cineva pe care să-l pierd și nimeni care să mă abandoneze.

Mă retrag către Ashram, mergând cu picioarele goale pe cărarea umbroasă și simt mângâierea soarelui domol de după-amiază. Fluturi gingași și frumos colorați zboară în jurul meu. Vibrez de recunoștință la fiecare pas, de câte ori ating cu piciorul pietrele de pe Arunachala. Aici a călcat și Ramana, îmi spun...

Și mulțumesc iarăși și iarăși pentru grația divină de a călca pe urmele lui Bhagavan Ramana până în inima sacră a lui Arunachala sau de a-l aduce pe Sri Arunachala în inima mea!

„La final, fiecare ar trebui să vină la Arunachala", spunea Ramana. Și cu inima plină de grația lui Arunachala, mă întorc în lume pentru a fi ceea ce sunt ACUM!

Arunachala

Între oamenii sfinți la Templul Arunachaleswara

La picioarele lui Shiva pe vârful muntelui sfânt Arunachala

Ramanashramam – Copacul Banyan

Templul Arunachaleswara - vedere de pe Arunachala

Primul sari

www.ingramcontent.com/pod-product-compliance
Ingram Content Group UK Ltd.
Pitfield, Milton Keynes, MK11 3LW, UK
UKHW022025190726
13853UKWH00005B/2111